Heidelberger Taschenbücher Band 219

Heidelberger Taschenbücher Band 219

Volker Böhm

Mathematische Grundlagen für Wirtschaftswissenschaftler

Mit 56 Abbildungen

Springer-Verlag
Berlin Heidelberg New York 1982

Prof. Volker Böhm, Ph.D.
Lehrstuhl für Volkswirtschaftslehre
und Ökonometrie I
Universität Mannheim
Postfach 2428
D-6800 Mannheim 1

ISBN-13: 978-3-540-11729-2   e-ISBN-13: 978-3-642-61825-3
DOI: 10.1007/978-3-642-61825-3

CIP-Kurztitelaufnahme der Deutschen Bibliothek
Böhm, Volker:
Mathematische Grundlagen für Wirtschaftswissenschaftler/Volker Böhm. –
Berlin; Heidelberg; New York: Springer, 1982
(Heidelberger Taschenbücher; Bd. 219)

NE: GT

Das Werk ist urheberrechtlich geschützt. Die dadurch begründeten Rechte, insbesondere die der Übersetzung, des Nachdruckes, der Entnahme von Abbildungen, der Funksendung, der Wiedergabe auf photomechanischem oder ähnlichem Wege und der Speicherung in Datenverarbeitungsanlagen bleiben, auch bei nur auszugsweiser Verwertung, vorbehalten. Die Vergütungsansprüche des § 54, Abs. 2 UrhG werden durch die „Verwertungsgesellschaft Wort", München, wahrgenommen.

© Springer-Verlag Berlin Heidelberg 1982
Softcover reprint of the hardcover 1st edition 1982

Satz: Daten- und Lichtsatz-Service, Würzburg
Druck und Einband: Graphischer Betrieb Konrad Triltsch, Würzburg
2142/3140-543210

Vorwort

Die Idee, dem vorhandenen Bestand an deutschen Lehrbüchern zur Mathematik für Wirtschaftswissenschaftler ein weiteres hinzuzufügen, entstand aus zwei Überlegungen. Einerseits ist mit der Entwicklung der Wirtschaftstheorie in den letzten zwei Jahrzehnten eine Verlagerung der bislang verwendeten mathematischen Methoden hin zu Methoden der komparativen Statik und Optimierung eingetreten. Andererseits – und dies ist nicht nur eine Mannheimer Erfahrung – benötigen Studenten des wirtschaftswissenschaftlichen Grundstudiums, insbesondere im Bereich der Mikroökonomik, ein Textbuch, das die Verknüpfung zwischen verwendeten mathematischen Methoden und mikroökonomischen Fragestellungen stärker berücksichtigt.

Der vorliegende Text ist somit als Einführung in die in wirtschaftswissenschaftlichen Anwendungen hauptsächlich verwendeten Methoden der Optimierung und der komparativen Statik für den Studenten des Grundstudiums gedacht. Soweit wie möglich wurde eine vollständige, in sich abgeschlossene Darstellung angestrebt, bei der selbstverständlich bestimmte Grundlagen der gymnasialen Mathematikausbildung vorausgesetzt werden. Da der Student der Wirtschaftswissenschaften im Grundstudium in erster Linie ein Verständnis für die Anwendbarkeit der dargestellten Methoden erwerben soll und nicht das Erkennen von fundamentalen mathematischen Zusammenhängen zum Lernziel hat, sind für keine der Resultate Beweise enthalten. Hingegen ist versucht worden, durch geometrische Anschauung und zahlreiche Beispiele die Bedeutung der mathematischen Sätze und ihrer Annahmen zu erläutern.

Jedem Kapitel sind am Ende spezielle Literaturhinweise angefügt, die für den fortgeschrittenen Studenten gedacht sind, der Beweise nachlesen oder sich in die mathematischen Zusammenhänge tiefer einarbeiten möchte. Dem Studenten der mathematischen Wirtschaftstheorie wird es ohnehin nicht erspart bleiben, auf Originalliteratur der Mathematik oder auf einen Standardtext der mathematischen Wirtschaftstheorie zurückzugreifen.

Die Aufgaben am Ende jedes Kapitels sind zum Üben der reinen Anwendungstechnik und ihrer Verwendung in ökonomischen Fragestellungen gedacht. Es ist zu hoffen, daß der Leser sie dazu benutzt, um sich so das methodische Handwerkszeug anzueignen, das die Grundlage der analytischen Vorgehensweise in den Wirtschaftswissenschaften darstellt.

Meinen wissenschaftlichen Mitarbeitern Jürgen Eichberger, Bernd Kosch, Michael Küttner und Gerd Weinrich danke ich für ihren unermüdlichen kritischen und konstruktiven Einsatz, der mir in vielfacher Weise geholfen hat, die aus der Lehrerfahrung entwickelte Konzeption in ein Manuskript umzusetzen. Mein Dank für die Zusammenstellung des Sachverzeichnisses und der Übungsaufgaben sowie der Lösungen gilt auch Susanne Drauz, Sabine Miltner und Dominique Demougin, der auch die grafischen Darstellungen gezeichnet hat. Sabine Wolter danke ich für ihre nie nachlassende Akribie und Genauigkeit bei den Schreibarbeiten für das Manuskript.

Mannheim, im April 1982   Volker Böhm

Inhaltsverzeichnis

Kapitel 1. Grundbegriffe der Analysis 1

1.1 Die reellen Zahlen 1
1.2 Intervalle 2
1.3 Funktionen und Abbildungen 4
1.4 Folgen, Konvergenz und Grenzwerte 12
1.5 Grenzwerte von Funktionen 15
1.6 Stetigkeit 18
1.7 Konkavität – Konvexität 24
1.8 Differenzierbarkeit und Differentiation
    von reellen Funktionen 30
Übungsaufgaben 38
Literaturhinweise 40

**Kapitel 2. Optimierung bei Funktionen
einer Veränderlichen** 41

2.1   Optimierung ohne Nebenbedingungen 42
2.2   Optimierung mit Nebenbedingungen 44
2.2.1 Existenz 44
2.2.2 Notwendige Bedingungen 45
2.2.3 Interpretation der Lagrangevariablen 51
2.2.4 Hinreichende Bedingungen 53
Übungsaufgaben 55
Literaturhinweise 56

Kapitel 3. Lineare Algebra 57

3.1   Vektoren 57
3.1.1 Vektoroperationen 59

3.1.2 Skalarprodukt 64
3.1.3 Die Vektornorm............... 68
3.1.4 Geraden und Ebenen 71
3.2 Matrizen 76
3.2.1 Matrizenoperationen............. 78
3.2.2 Lineare Gleichungssysteme 82
3.2.3 Lösung von linearen Gleichungssystemen I ... 90
3.3 Determinanten 96
3.3.1 Definition und Eigenschaften von Determinanten 96
3.3.2 Lösung von linearen Gleichungssystemen II ... 101
3.3.3 Quadratische Formen 106
Übungsaufgaben 108
Literaturhinweise 111

Kapitel 4. Funktionen mehrerer Veränderlicher 112

4.1 Stetigkeit 113
4.2 Differenzierbarkeit 115
4.3 Homogene Funktionen 120
4.4 Implizite Funktionen 123
Übungsaufgaben 130
Literaturhinweise 132

Kapitel 5. Optimierung bei Funktionen mehrerer Veränderlicher 133

5.1 Optimierung ohne Nebenbedingungen 133
5.2 Optimierung mit Nebenbedingungen 136
5.2.1 Existenz 139
5.2.2 Notwendige Bedingungen.......... 140
5.2.3 Hinreichende Bedingungen 145
5.2.4 Interpretation der Lagrangevariablen: Schattenpreise 146
Übungsaufgaben 154
Literaturhinweise 157

Lösungen und Lösungshinweise 158

Sachverzeichnis 167

Kapitel 1. Grundbegriffe der Analysis

1.1 Die reellen Zahlen

Zur Beschreibung ökonomischer Sachverhalte, die in quantifizierter Form dargestellt werden können, wählt man in der Regel reelle Zahlen. Die Menge der reellen Zahlen spielt deshalb eine wesentliche Rolle im gesamten Bereich der wirtschaftstheoretischen Anwendungen der Mathematik. Einige ihrer wichtigsten Eigenschaften sollen daher hier zusammengestellt werden.

Die Menge der reellen Zahlen wird mit $\mathbb{R}$ bezeichnet. Sie enthält als echte Teilmengen die Menge der natürlichen Zahlen $\mathbb{N}$, die Menge der ganzen Zahlen $\mathbb{Z}$, die Menge der rationalen Zahlen $\mathbb{Q}$ und die Menge der irrationalen Zahlen. Die vier Standardoperationen mit reellen Zahlen, die wiederum reelle Zahlen ergeben, sind die

Addition,
Subtraktion,
Multiplikation,
Division,

wobei die Division durch Null nicht erlaubt ist.

Die Menge der reellen Zahlen wird mit Hilfe der sogenannten reellen Zahlengeraden dargestellt. Die Null ist dabei ausgezeichneter Punkt, der

die positiven von den negativen Zahlen trennt. Die Darstellung mit Hilfe der Zahlengeraden verdeutlicht bereits die Ordnungseigenschaft der Menge der reellen Zahlen. Dabei heißt a größer als b (a > b) genau dann wenn a − b positiv ist. Die Ordnungseigenschaft von $\mathbb{R}$ bezüglich „ > " läßt sich in den folgenden Aussagen zusammenfassen:

Satz: *Für beliebige reelle Zahlen* a, b, c *gilt:*

(i) *Entweder ist* a > b, *oder* a = b, *oder* b > a,
(ii) a > b *und* b > c *dann* a > c (*Transitivität*),
(iii) a > b *dann* a + c > b + c,
(iv) a > b *und* c *positiv dann* ac > bc,
(v) a > b *und* c *negativ dann* bc > ac.

Neben der strengen Größer-Relation > verwendet man häufig auch die schwächere Relation „größer oder gleich", die als „≧" geschrieben wird.

Der *Absolutbetrag* oder kurz Betrag einer reellen Zahl $x \in \mathbb{R}$ wird mit $|x|$ bezeichnet und ist definiert als

$$|x| = \begin{cases} x & \text{falls } x \geq 0 \\ -x & \text{falls } x < 0. \end{cases}$$

Der Absolutbetrag einer reellen Zahl ist also immer eine nicht-negative reelle Zahl. Geometrisch wird der Absolutbetrag durch ihren Abstand auf der Zahlengeraden vom (d.h. die Entfernung zum) Nullpunkt gemessen. In dieser Sprechweise ist es auch sinnvoll vom Abstand oder der Entfernung zweier reeller Zahlen a und b zu sprechen, wobei

$$|a - b| = |b - a|$$

gilt. Für das Rechnen mit Absolutbeträgen gelten folgende Regeln.

Satz:

(i) $|x| = |-x|$,
(ii) $|x + y| \leq |x| + |y|$ (*Dreiecksungleichung*),
(iii) $|x \cdot y| = |x| \cdot |y|$,
(iv) $\dfrac{|x|}{|y|} = \left|\dfrac{x}{y}\right|$ *falls* $y \neq 0$.

1.2 Intervalle

Intervalle sind Teilmengen von $\mathbb{R}$, die in Anwendungen häufig auftreten. Für zwei beliebige Zahlen a, b $\in \mathbb{R}$ mit b > a definiert man

(i) $[a, b] = \{x \in \mathbb{R} \,|\, a \leq x \leq b\}$,
(ii) $(a, b] = \{x \in \mathbb{R} \,|\, a < x \leq b\}$,

(iii) $[a, b) = \{x \in \mathbb{R} | a \leq x < b\}$,
(iv) $(a, b) = \{x \in \mathbb{R} | a < x < b\}$.

Im Fall (i) heißt das Intervall *abgeschlossen*, da es die beiden Endpunkte a und b selbst enthält. Im Fall (iv) heißt das Intervall *offen*. Man beachte, daß Punkte beliebig nahe an a und b enthalten sind, a und b selbst aber nicht. Als *Intervallmittelpunkt* bezeichnet man den Punkt $\frac{a+b}{2}$, als *Intervallänge* den Abstand $|a - b|$. Ein Intervall heißt *symmetrisch* um den Punkt y, falls für eine positive reelle Zahl c die Endpunkte bestimmt sind durch

$$a = y - c,$$
$$b = y + c.$$

Für eine kleine positive Zahl $\varepsilon > 0$ heißt ein symmetrisches offenes Intervall um einen Punkt $y \in \mathbb{R}$ eine (offene) ε-Umgebung von y:

$$U_\varepsilon(y) = \{x \in \mathbb{R} | y - \varepsilon < x < y + \varepsilon\}.$$

Umgebungen sind somit offene (kleine) Intervalle. Andererseits lassen sich gerade offene Intervalle dadurch charakterisieren, daß es zu jedem Punkt eines offenen Intervalls eine Umgebung gibt, die selbst Teilmenge des Intervalls ist.

Zur Beschreibung eines beliebigen Punktes $a \leq z \leq b$ in einem Intervall $[a, b]$ wählt man häufig die Schreibweise

$$z = \lambda a + (1 - \lambda) b \quad \text{mit} \quad 0 \leq \lambda \leq 1$$

und bezeichnet z hierbei als *konvexe Kombination* von a und b. Alle konvexen Kombinationen von a und b liegen wiederum in $[a, b]$. Diese Eigenschaft, die später noch in allgemeiner Form zu beschreiben ist, bezeichnet man als *Konvexität*. Ein Intervall $[a, b]$ ist damit eine konvexe Menge. Man beachte, daß bei der Verknüpfung von mehreren Intervallen die Intervalleigenschaft und damit die Konvexitätseigenschaft nicht immer erhalten bleibt. Die Vereinigung von zwei Intervallen, die einen nichtleeren Durchschnitt haben, ist selbst ein Intervall.

Auch ist der Durchschnitt von Intervallen, falls er nicht leer ist, selbst wieder ein Intervall. Ferner ist die Differenz zweier Intervalle selbst ein Intervall, falls keines der beiden Teilmenge des anderen ist.

Alle bisher betrachteten Intervalle waren durch eine kleinste Zahl a und durch eine größte Zahl b charakterisiert. Da a und b selbst reelle Zahlen waren, wurden alle Elemente des Intervalls nach oben und nach unten beschränkt. Ganz allgemein bezeichnet man eine Teilmenge $A \subset \mathbb{R}$ als *beschränkt*, falls es eine positive Zahl $m \in \mathbb{R}$ gibt, so daß $|x| \leq m$ für alle $x \in A$ gilt. Eine Menge A heißt unbeschränkt, falls sie nicht beschränkt ist. Häufig treten bei Anwendungen auch sogenannte unbeschränkte Intervalle auf, wie z.B.

$$A = \{x \mid x > 1\},$$
$$B = \{x \mid x \leq -3\},$$
$$C = \{x \mid x \geq 0\}.$$

1.3 Funktionen und Abbildungen

Der Begriff der Funktion bzw. der Abbildung ist neben dem der Menge ein weiterer grundlegender Begriff der Mathematik. Dabei werden die Bezeichnungen Funktion und Abbildung synonym gebraucht. Unter einer *Funktion* f versteht man eine Zuordnungsvorschrift, die *jedem* Element x einer gegebenen Menge A *genau ein* Element y einer gegebenen Menge B zuordnet. Dabei ist die Eindeutigkeit der Zuordnung wesentliches Charakteristikum. Die Menge A heißt hierbei *Definitionsbereich* der Funktion f und $x \in A$ heißt *Argument* oder *unabhängige Variable*. B nennt man den *Wertebereich* von f und ein $y \in B$, das einem $x \in A$ zugeordnet wird, heißt *Bild* von f an der Stelle x. Als Schreibweise verwendet man dabei

$$f: A \to B,$$

mit der Sprechweise „f ist eine Funktion von A in B". Das Bild y von f an der Stelle x schreibt man als

$$y = f(x).$$

Als Illustration mögen die folgenden Beispiele dienen.

Beispiel 1: Sei $A = \{a, b, c, d\}$ und $B = \{x, y, z\}$ und sei $f: A \to B$ durch das folgende Diagramm beschrieben:
Das heißt $f(a) = y$, $f(b) = x$, $f(c) = z$, $f(d) = y$.

1.3 Funktionen und Abbildungen 5

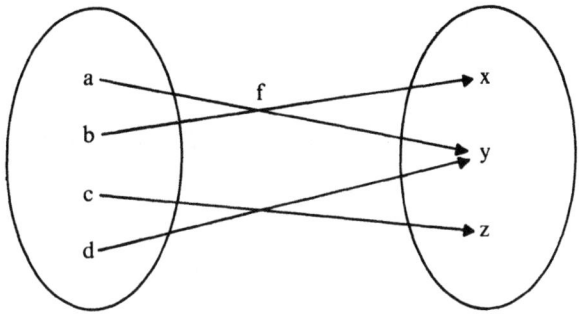

Beispiel 2: Sei $A = B = \mathbb{R}$ und $f(x) = x^2$.

Beispiel 3: Sei $A = \mathbb{R}$ und $B = \{-1, 0, 1\}$ und sei f derart, daß es jeder rationalen Zahl den Wert $+1$ und jeder anderen den Wert -1 zuordnet, d.h.
$$f(x) = \begin{cases} 1 & \text{falls } x \text{ rational} \\ -1 & \text{falls } x \text{ irrational.} \end{cases}$$

In Beispiel 2 und 3 ist die Funktion durch spezielle Formeln angegeben. Dies muß natürlich nicht immer der Fall sein. Außerdem beachte man, daß im Beispiel 3 die Menge B aus den drei Werten $\{-1, 0, 1\}$ besteht, daß aber die Funktion nur die Werte -1 und $+1$ annimmt. Dies zeigt, daß im allgemeinen nicht jedes Element der Menge B als Funktionswert angenommen werden muß. Diejenige Teilmenge von B, die tatsächlich durch die Abbildung $f: A \to B$ angenommen wird, nennt man das Bild von f.

Die in ökonomischen Anwendungen häufig auftretenden Funktionen sind solche, bei denen der Definitionsbereich und der Wertebereich Teilmengen der reellen Zahlen sind. Funktionen mit reellem Wertebereich heißen *reelle Funktionen*. In Beispiel 2 und 3 sind solche reellen Funktionen angegeben. Ein weiteres Beispiel einer solchen Funktion, wie sie in ökonomischen Anwendungen häufig auftritt, ist eine Funktion, deren Definitionsbereich ein (beschränktes oder unbeschränktes) Intervall ist.

Beispiel: Eine Nachfragefunktion $f: \mathbb{R}_+ \to \mathbb{R}$ sei definiert durch
$$f(p) = \begin{cases} a + bp & 0 \leq p \leq -\frac{a}{b}, \quad a > 0, \ b < 0 \\ 0 & p > -\frac{a}{b}. \end{cases}$$

Eine äquivalente Schreibweise dieser Funktion ist auch

$$f(p) = \text{Max}\{0, a + bp\}.$$

Beispiel: Eine andere Nachfragefunktion $f: \mathbb{R}_+ \to \mathbb{R}$ sei definiert durch

$$f(p) = \begin{cases} \dfrac{a}{p-c} & p > c > 0 \\ a & c \geq p. \end{cases}$$

Da reelle Funktionen als Wertebereich selbst wieder Teilmengen der reellen Zahlen haben, lassen sich auf Funktionen mit dem *gleichen* Definitionsbereich die allgemeinen Operationen der reellen Zahlen anwenden, insbesondere Addition, Subtraktion, Multiplikation, Division. Aber auch die Vorschrift, das Maximum bzw. das Minimum zweier Funktionen zu wählen, läßt sich auf solche Funktionen anwenden. Da diese Operationen selbst wiederum eine eindeutige Zuordnungsvorschrift darstellen, entstehen neue eindeutige Funktionen. Weitere Beispiele dazu werden in den nächsten Abschnitten diskutiert.

Für die geometrische Darstellung von reellen Funktionen benötigt man gerade zwei Exemplare der reellen Zahlengeraden, eines für den Definitionsbereich und eines für den Wertebereich. Als Anordnung wählt man dabei ein rechtwinkliges, sogenanntes kartesisches Koordinatensystem. Die grafische Darstellung einer reellen Funktion f, die zum Beispiel auf einem Intervall [a, b] definiert ist, ergibt dann eine „Kurve" der Ebene. Genauer gesagt, handelt es sich dabei um die Betrachtung aller Paare, bestehend aus Argument x und zugehörigem Funktionswert $f(x)$. Die Menge dieser Paare bezeichnet man als den Graph der Funktion.

Definition: *Sei* $f: [a, b] \to \mathbb{R}$. *Dann heißt*

$$\text{Graph } f = \{(x, y) \mid f(x) = y, x \in [a, b]\}$$

der Graph der Funktion f.

Die folgenden Abbildungen geben Beispiele der Graphen der jeweils zugehörigen Funktion, dabei heißt die Funktion $f(x) = x$ Identität.

Eine wichtige Verknüpfung zweier Funktionen ergibt sich, wenn die zweite Zuordnungsvorschrift auf den Wertebereich der ersten Funktion angewendet wird. Dabei ist natürlich Voraussetzung, daß der Definitionsbereich der zweiten Funktion den Wertebereich der ersten enthält.

1.3 Funktionen und Abbildungen 7

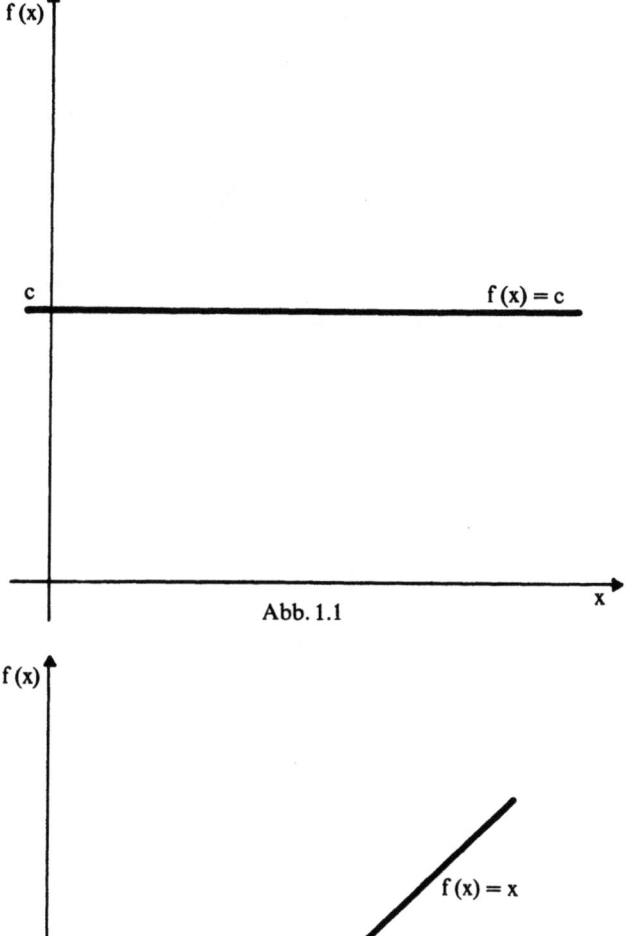

Abb. 1.1

Abb. 1.2

8   1 Grundbegriffe der Analysis

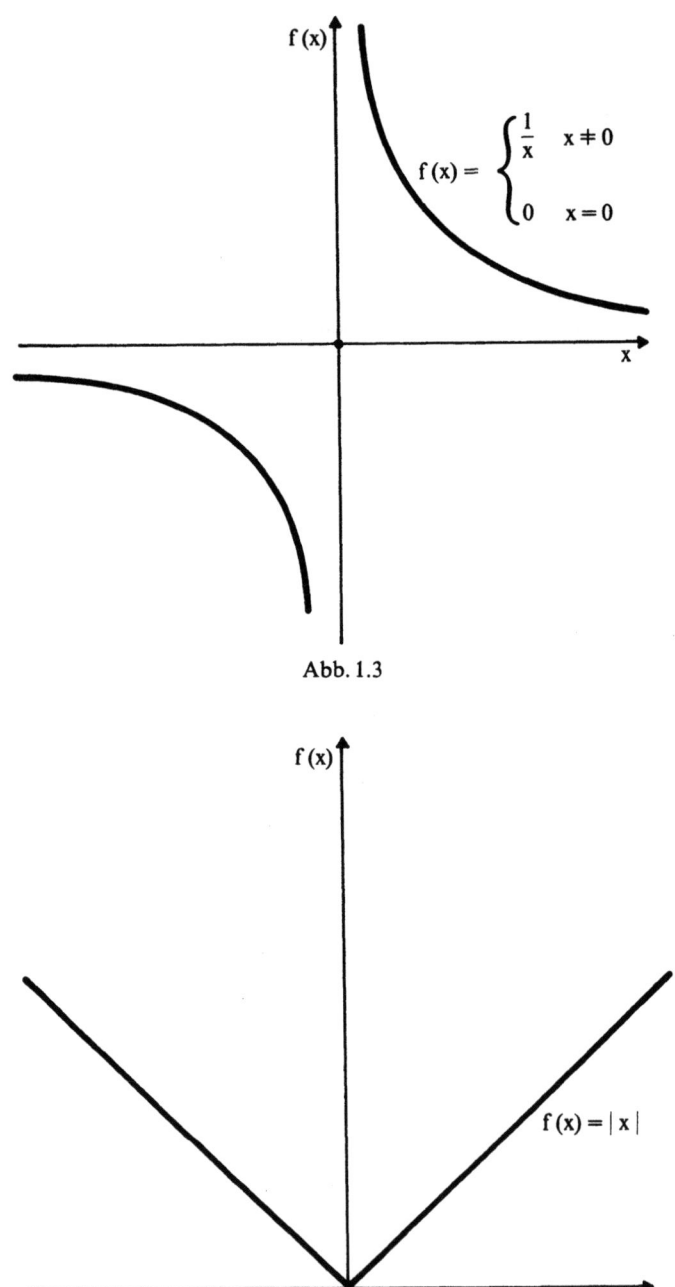

Abb. 1.3

Abb. 1.4

1.3 Funktionen und Abbildungen 9

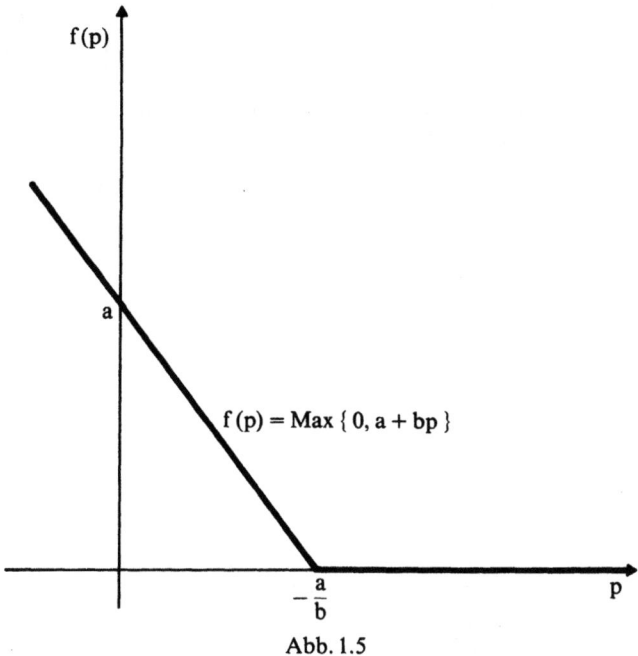

Abb. 1.5

Gegeben sei eine Funktion f: X → Y und eine zweite Funktion g: Y → Z. Dann bezeichnet man als *Verknüpfungsfunktion*

$$h: X \to Z$$

von f und g, die Funktion h(x) = g(f(x)), die als h = g ∘ f geschrieben wird.

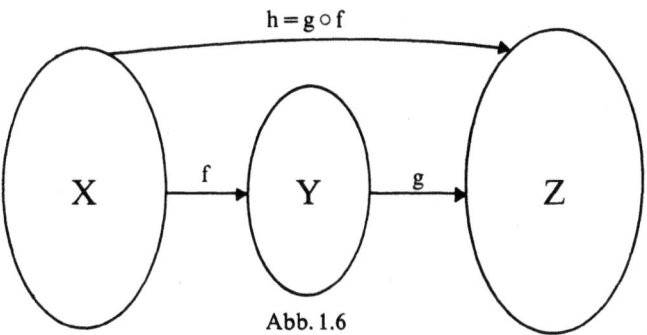

Abb. 1.6

Beispiel: Sei $y = f(x) = wx$ die Einkommensfunktion eines Haushalts, die der geleisteten Arbeitsstundenzahl x bei gegebenem Lohnsatz w das Einkommen y zuordnet, und sei $z = g(y) = a + by^{1/2}$ die Konsumfunktion, die jedem Einkommen y den Konsum z zuordnet. Dann beschreibt die Verknüpfungsfunktion

$$z = h(x) = (g \circ f)(x) = g(f(x)) = a + b(wx)^{1/2}$$

den Konsum z in Abhängigkeit der geleisteten Arbeitsstunden x.

Bei einer gegebenen Funktion $f: A \to B$ fragt man häufig auch nach dem Zusammenhang der Werte in B in Beziehung zu den sie erzeugenden Argumenten in A. Als Beispiel betrachte man die Funktion f der Abb. 1.7. Diejenigen Elemente von A, die einen gegebenen Wert in B

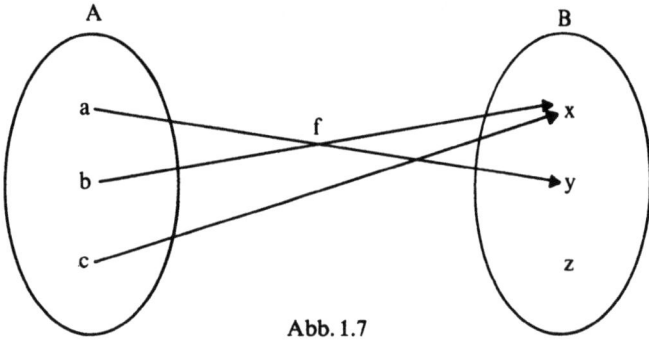

Abb. 1.7

erzeugen, nennt man *Urbilder*. Für den Wert x erhält man zum Beispiel

$$\{b, c\} = \{d | f(d) = x\}.$$

Diese Umkehrung der Abbildung f ist im allgemeinen, wie in dem Beispiel auch zu sehen, natürlich keine Funktion. Der Punkt x besitzt mehrere Urbilder unter der Funktion f. Als zweites Beispiel betrachte man die Funktion $f: \mathbb{R} \to \mathbb{R}$ mit $f(x) = x^2$. Der Wertebereich von f ist hierbei gerade $\mathbb{R}_+$ und zu jeder positiven Zahl y gibt es gerade zwei Urbilder, nämlich $+\sqrt[2]{y}$ und $-\sqrt[2]{y}$. Die Umkehrung der Abbildung f ist also nicht eindeutig. Gibt es hingegen für jeden Punkt des Wertebereichs genau ein Urbild, so heißt diese Zuordnung *Umkehrfunktion* oder *inverse Funktion* und man bezeichnet sie mit dem Symbol f^{-1}. Als Beispiel betrachte man die lineare Funktion $y = f(x) = ax + b$ mit $a \neq 0$. Als Umkehrfunktion erhält man

$$x = \frac{1}{a}y - \frac{b}{a} = f^{-1}(y).$$

In diesem Beispiel erkennt man, daß die Umkehrbarkeit immer dann gewährleistet ist, wenn a $\neq$ 0 ist. Setzt man die Umkehrfunktion in die ursprüngliche Funktion ein, d.h. verknüpft man f mit f^{-1} zu $f \circ f^{-1}$, so erhält man gerade die Identität für y. Umgekehrt ergibt $f^{-1} \circ f$ gerade die Identität für x. Diese beiden Eigenschaften sind die konstituierenden Merkmale der inversen Funktion.

Satz: *Existiert für eine Funktion* f: X → Y *die Inverse* f^{-1}: Y → X, *dann gilt:*

(i) $f^{-1}(f(x)) = x$,
(ii) $f(f^{-1}(y)) = y$.

Die Klasse von reellen Funktionen, für die immer eine Inverse existiert, besteht aus den streng monotonen Funktionen.

Definition: *Eine reelle Funktion* f: X → Y *heißt streng monoton wachsend bzw. fallend, falls für alle* x_1, x_2 *mit* $x_1 < x_2$ *gilt:*

$$f(x_1) < f(x_2) \quad bzw. \quad f(x_1) > f(x_2).$$

Damit kann der folgende Satz formuliert werden.

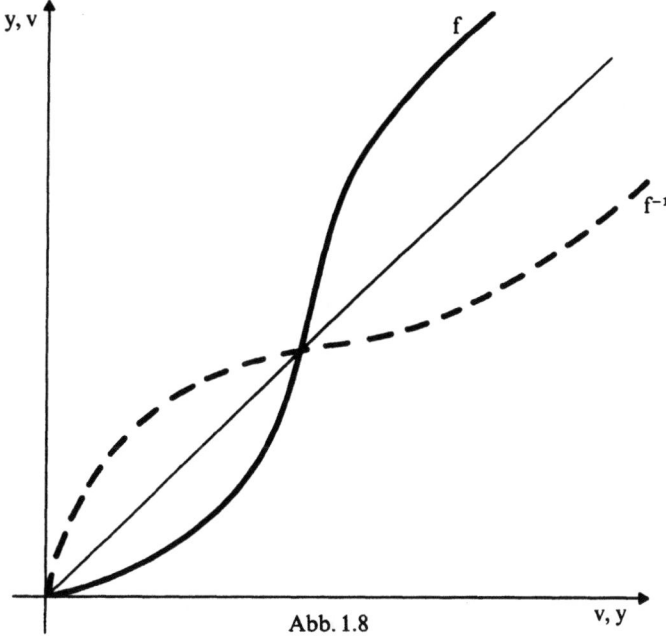

Abb. 1.8

1   1 Grundbegriffe der Analysis

Satz: *Jede streng monotone Funktion besitzt eine Inverse.*

Geometrisch ergibt sich die Inverse einer Funktion durch Spiegelung an der Diagonalen im Koordinatensystem, d.h. der Graph von f^{-1} ist symmetrisch zum Graph von f relativ zur 45°-Linie. Abbildung 1.8 zeigt eine Produktionsfunktion y = f(v) mit ertragsgesetzlichem Verlauf. Ihre Inverse, die Faktorbedarfsfunktion v = f^{-1}(y), hat im gleichen Koordinatensystem den entsprechenden symmetrischen Verlauf.

1.4 Folgen, Konvergenz und Grenzwerte

Sogenannte unendliche Zahlenfolgen und ihre Eigenschaften sind ein wesentliches Element der gesamten Analysis. Die Elemente der Folge

$$\left(1, \frac{1}{2}, \frac{1}{3}, \frac{1}{4}, \ldots, \frac{1}{n}, \ldots\right)$$

werden zum Beispiel mit größer werdendem n kleiner. Dabei betrachtet man die Aufzählung der Werte der Folge für alle natürlichen Zahlen $n \in \mathbb{N}$. Allgemein ordnet also eine *Zahlenfolge* jeder natürlichen Zahl n eine reelle Zahl a_n zu, d.h.

$$(a_1, \ldots, a_n, \ldots) \quad n \in \mathbb{N}.$$

Der Index n wächst dabei unbegrenzt, was durch den Ausdruck „n strebt gegen unendlich" und durch die Schreibweise „$n \to \infty$" angedeutet wird. Anstatt wie oben die Elemente einer Folge einzeln aufzuschreiben, verwendet man in der Regel die allgemeine Schreibweise

$$(a_n)_{n=1}^{\infty},$$

wobei das Bildungsgesetz für das allgemeine Element a_n zusätzlich angegeben wird. Zum Beispiel:

$$(a_n)_{n=1}^{\infty} \quad \text{mit} \quad a_n = \frac{1}{n^2}.$$

Das ergibt die Folge

$$\left(1, \frac{1}{4}, \frac{1}{9}, \frac{1}{16}, \ldots\right).$$

Die Folge

$$\left(\frac{1}{2}, \frac{1}{4}, \frac{3}{4}, \frac{1}{8}, \frac{7}{8}, \frac{1}{16}, \frac{15}{16}, \ldots\right)$$

hat das Bildungsgesetz

$$a_n = \begin{cases} \dfrac{1}{2^{(n+2)/2}} & \text{falls n gerade} \\ 1 - \dfrac{1}{2^{(n+1)/2}} & \text{falls n ungerade.} \end{cases}$$

Zahlenfolgen und ihre Konvergenz- und Grenzwerteigenschaften dienen dazu, Begriffe wie „beliebig nah" oder „beliebig klein" im Sinne der Infinitesimalrechnung zu präzisieren und sie operational zu machen. Intuitiv würde man die Folge (a_n) mit $a_n = \dfrac{1}{n}$ sofort als konvergente Folge bezeichnen und ihren Grenzwert als null angeben, denn die Werte $\dfrac{1}{n}$ werden mit wachsendem n kleiner und kleiner. Andererseits ist die Folge

$$\left(1, \frac{1}{2}, 2, \frac{1}{3}, 3, \frac{1}{4}, \ldots\right)$$

sicherlich nicht konvergent. Die präzise mathematische Formulierung ist in der folgenden Definition gegeben.

Definition: *Eine Folge* $(a_n)_{n=1}^{\infty}$ *konvergiert gegen eine Zahl* $\bar{a}$ *genau dann, wenn es zu jedem beliebigen* $\varepsilon > 0$ *eine natürliche Zahl* $\bar{n}$ *gibt, so daß gilt:*

$$|a_n - \bar{a}| < \varepsilon \quad \textit{für alle} \quad n \geq \bar{n}.$$

Die Betrachtungsweise liefert ein Kriterium, von welchem Glied $\bar{n}$ der Folge alle Werte nur noch einen Abstand kleiner als ε von $\bar{a}$ haben. Dies ist äquivalent zu der Aussage, daß für $n \geq \bar{n}$ alle Glieder der Folge in einer ε-Umgebung von $\bar{a}$ liegen müssen. (a_n) konvergiert demnach gegen $\bar{a}$ genau dann, wenn für beliebiges $\varepsilon > 0$ die Restglieder für hinrei-

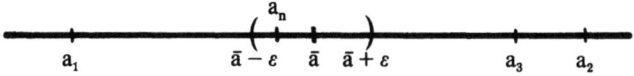

chend großes n alle in der gewählten ε-Umgebung von $\bar{a}$ liegen. Die Anfangsglieder der Folge werden dabei außer acht gelassen. Sie spielen für die Konvergenzeigenschaft keine Rolle. Die Zahl $\bar{a}$ in der obigen Definition bezeichnet man als den *Grenzwert* oder den *Limes* der Folge (a_n). Als Schreibweise verwendet man

$$a_n \to \bar{a} \quad \text{für} \quad n \to \infty,$$

d.h. a_n konvergiert gegen $\bar{a}$ für n gegen ∞, oder

$$\lim_{n \to \infty} a_n = \bar{a},$$

d.h. $\bar{a}$ ist der Grenzwert von a_n für n gegen unendlich. Als Beispiel und zur Überprüfung des Konvergenzkriteriums betrachte man die Folge (a_n) mit

$$a_n = b\frac{q^n - 1}{q - 1},$$

die im Zusammenhang mit Kapitalwertberechnungen häufig auftritt. Dabei ist n die Anzahl der Jahre. Es ist bekannt, daß $\lim a_n = \frac{b}{1 - q}$ ist, falls $0 < q < 1$. Um die geforderte Abschätzung vorzunehmen sei $\varepsilon > 0$ vorgegeben. Zu bestimmen ist ein $\bar{n}$, so daß die geforderte Ungleichung für alle $n \geq \bar{n}$ erfüllt ist. Es muß gelten:

$$\left| b\frac{q^n - 1}{q - 1} - \frac{b}{1 - q} \right| = \frac{b}{1 - q} q^n < \varepsilon,$$

d.h.

$$q^n < \frac{1 - q}{b} \varepsilon.$$

Dann folgt

$$n \log q < \log \frac{1 - q}{b} + \log \varepsilon.$$

Da $0 < q < 1$ gilt, ist $\log q < 0$. Dann folgt

$$n > \frac{1}{\log q} \left[\log \frac{1 - q}{b} + \log \varepsilon \right].$$

Für vorgegebenes $\varepsilon > 0$ ist der Ausdruck auf der rechten Seite eine feste Zahl, zu der natürlich ein $\bar{n}$ gefunden werden kann, so daß

$$\bar{n} \geq \frac{1}{\log q} \left[\log \frac{1 - q}{b} + \log \varepsilon \right]$$

gilt. Jedes $n > \bar{n}$ erfüllt dann die geforderte Bedingung. In Abb. 1.9 ist der Ausdruck auf der rechten Seite als Funktion von ε aufgetragen. Daraus wird ersichtlich, daß man für beliebiges ε immer ein $\bar{n}$ angeben kann, so daß für alle $n \geq \bar{n}$ der Ausdruck $\frac{b}{1 - q} q^n$ kleiner als ε ist.

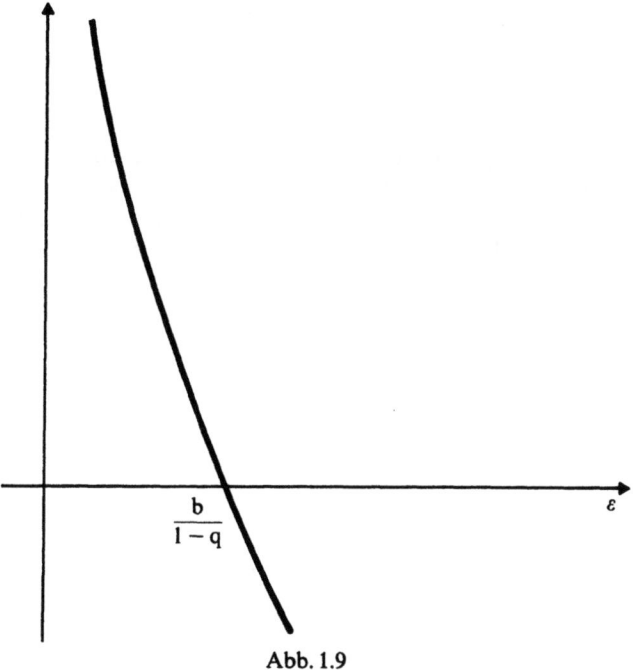

Abb. 1.9

1.5 Grenzwerte von Funktionen

Der im vorangegangenen Kapitel entwickelte Konvergenzbegriff für Folgen hat als wesentliches Merkmal immer die Abfolge von diskret aufeinanderfolgenden Zahlen. Wendet man auf die Elemente einer solchen Folge eine reelle Funktion f an, so entsteht offensichtlich eine neue Folge. Ist überdies die Ausgangsfolge konvergent, so stellt sich die Frage, ob diese Eigenschaft auch für die neue Folge gilt, d.h. ob f die Konvergenzeigenschaft erhält.

Sei f: $\mathbb{R} \to \mathbb{R}$ eine beliebige Funktion und (x_n) eine Folge mit der Eigenschaft $\lim x_n = a$. Dann erzeugt die Folge (x_n) eine Folge (y_n) durch $y_n = f(x_n)$. Durch Anwendung des Konvergenzkriteriums auf die Folge (y_n) kann dann überprüft werden, ob ein Grenzwert existiert. Sei $A = \lim y_n = \lim f(x_n)$ der Grenzwert der Folge (y_n). Als vereinfachende Schreibweise für den Fall, daß die spezielle Folge (x_n) nicht von Bedeutung ist, wählt man

oder
$$\lim_{x \to a} f(x) = A$$
$$f(x) \to A \quad \text{für} \quad x \to a.$$

Daß die speziell gewählte Folge für x einen Einfluß auf den Grenzwert haben kann, zeigt die in Abb. 1.10 dargestellte Funktion. Man macht sich leicht klar, daß für jede Folge (x_n) mit $x_n < a$ für alle n der Grenzwert von $f(x_n)$ durch A^- gegeben ist. Umgekehrt sieht man, daß sich für

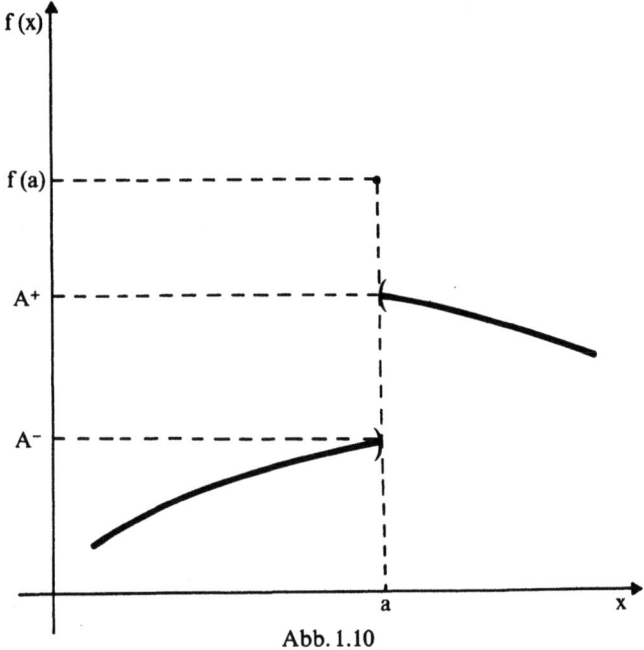

Abb. 1.10

jede Folge (x_n) mit $x_n > a$ für alle n der Grenzwert von $f(x_n)$ als A^+ ergibt. Beide Werte weichen jedoch von dem Funktionswert $f(a)$ ab. Den durch eine Folge $x_n \to a$ mit $x_n < a$ erzeugten Grenzwert A^- bezeichnet man als *linksseitigen Grenzwert* der Funktion f an der Stelle a, den durch eine Folge $x_n \to a$ mit $x_n > a$ erzeugten Grenzwert A^+ als *rechtsseitigen Grenzwert*. Aus dem Beispiel geht klar hervor, daß für eine Funktion an einer bestimmten Stelle rechtsseitiger und linksseitiger Grenzwert und Funktionswert auseinanderfallen können. Fallen beide Grenzwerte zusammen, so spricht man von dem Grenzwert schlechthin.

1.5 Grenzwerte von Funktionen

Definition: *Eine Zahl A heißt Grenzwert der Funktion f an der Stelle a genau dann, wenn für jede Folge $x \to a$*

$$\lim f(x) = A$$

gilt.

Das in Abb. 1.10 dargestellte Beispiel macht deutlich, daß der Grenzwert natürlich nicht immer existieren muß.

Die Bestimmung der Grenzwerte bei einer großen Klasse elementarer Funktionen ist relativ einfach. So gilt zum Beispiel für eine lineare Funktion $f(x) = ax + b$ für jedes $\bar{x}$

$$\lim_{x \to \bar{x}} f(x) = \lim_{x \to \bar{x}} (ax + b) = a\bar{x} + b.$$

Ebenso überprüft man leicht, daß für die Funktion $f(x) = x^k$ für jedes $\bar{x}$ gilt:

$$\lim_{x \to \bar{x}} f(x) = \lim_{x \to \bar{x}} (x^k) = \bar{x}^k.$$

Die am häufigsten auftretenden Funktionen sind zusammengesetzt aus elementaren Funktionen. In den meisten Fällen lassen sich dann ihre Grenzwerte durch geeignete Umformungen und Anwendung der im folgenden Satz zusammengestellten Regeln ermitteln.

Satz: *Für zwei Funktionen g und h seien für eine Stelle a des Definitionsbereichs die Grenzwerte*

$$\lim_{x \to a} g(x) = G,$$
$$\lim_{x \to a} h(x) = H$$

gegeben. Dann gilt:

(1) $\lim\limits_{x \to a} (g(x) \pm h(x)) = \lim\limits_{x \to a} g(x) \pm \lim\limits_{x \to a} h(x) = G \pm H,$

(2) $\lim\limits_{x \to a} (g(x) \cdot h(x)) = \lim\limits_{x \to a} g(x) \cdot \lim\limits_{x \to a} h(x) = G \cdot H,$

(3) $\lim\limits_{x \to a} \dfrac{g(x)}{h(x)} = \dfrac{\lim\limits_{x \to a} g(x)}{\lim\limits_{x \to a} h(x)} = \dfrac{G}{H}$ falls $H \neq 0,$

(4) $\lim\limits_{x \to a} [g(x)]^k = [\lim\limits_{x \to a} g(x)]^k = G^k,$

(5) $\lim\limits_{x \to a} [\sqrt[k]{g(x)}] = \sqrt[k]{\lim\limits_{x \to a} g(x)} = \sqrt[k]{G}.$

18 1 Grundbegriffe der Analysis

Als Beispiel untersuche man den Grenzwert der Funktion

$$\lim_{x \to \infty} f(x) = \lim_{x \to \infty} \frac{x + \frac{1}{x}}{2x - \frac{1}{x}}.$$

Eine direkte Grenzwertermittlung mittels Summen- und der Quotientenregel führt hierbei nicht zum Ziel, da sie den unbestimmten Ausdruck

$$\frac{\infty + 0}{\infty - 0}$$

ergibt. Dividiert man jedoch Zähler und Nenner durch x, so ergibt sich der äquivalente Ausdruck

$$\lim_{x \to \infty} \frac{1 + \frac{1}{x^2}}{2 - \frac{1}{x^2}} = \frac{1 + 0}{2 - 0} = \frac{1}{2}.$$

Als zweites Beispiel betrachte man die Funktion

$$f(x) = \frac{x^2 - 4}{x - 2}$$

an der Stelle $x = 2$, die einen unbestimmten Ausdruck ergibt. Durch geeignete Umformung erhält man jedoch

$$\lim_{x \to 2} \frac{x^2 - 4}{x - 2} = \lim_{x \to 2} \frac{(x - 2)(x + 2)}{(x - 2)} = \lim_{x \to 2} (x + 2) = 4.$$

1.6 Stetigkeit

Die Eigenschaft der Stetigkeit einer Funktion spielt eine bedeutende Rolle in der Mathematik im allgemeinen und in den ökonomischen Anwendungen, insbesondere in der Theorie der Optimierung. Die zuvor entwickelten Gedanken der Konvergenz und des Grenzwertes werden jetzt dazu benutzt, um den Begriff der Stetigkeit zu präzisieren.

Als ein Beispiel für die Stetigkeitsproblematik betrachte man die Funktion h: $\mathbb{R}_+ \to \mathbb{R}$, wobei h(x) die größte ganze Zahl bezeichnet, die kleiner oder gleich x ist. Der Graph von h ist in Abb. 1.11 dargestellt.

1.6 Stetigkeit   19

Man sieht, daß für alle ganzzahligen Werte von x der Graph eine Sprungstelle aufweist. Der Funktionswert ist für alle x beliebig nahe und unterhalb einer ganzen Zahl natürlich gleich der nächst kleineren ganzen Zahl. An der Stelle selbst nimmt jedoch der Funktionswert um 1 zu. Eine noch so kleine Veränderung von x bewirkt also eine große Veränderung des Funktionswertes. Eine solche Stelle für eine Funktion be-

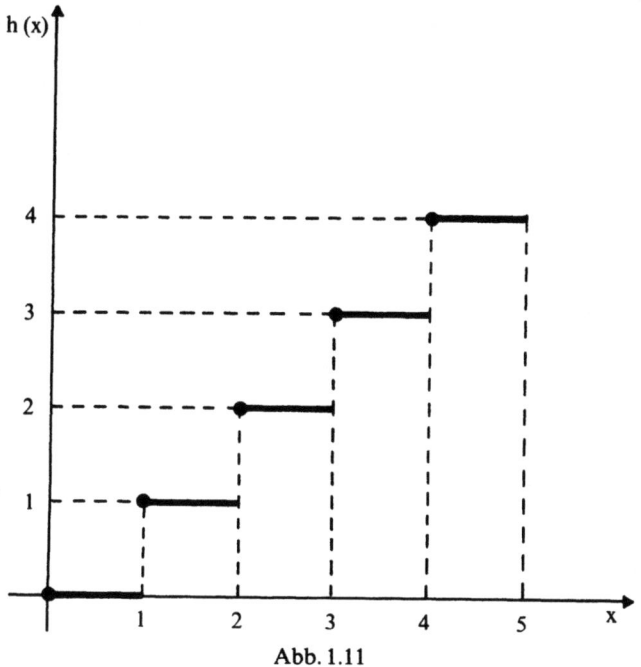

Abb. 1.11

zeichnet man als Unstetigkeitsstelle. Die Funktion h(x) ist also an allen Stellen, an denen x selbst ganzzahlig ist, nicht stetig. Stetigkeit schließt solche Sprungstellen aus.

Definition: *Eine Funktion* f: $\mathbb{R} \to \mathbb{R}$ *heißt stetig an der Stelle* $x \in \mathbb{R}$ *genau dann, wenn für jede Folge* $x \to a$ *gilt:*
 (i) $\lim_{x_n \to a} f(x)$ *existiert,*
 (ii) $\lim_{x \to a} f(x) = f(a)$.

Eine Funktion heißt stetig, falls sie an jeder Stelle ihres Definitionsbereichs stetig ist.

1 Grundbegriffe der Analysis

Es ist leicht zu sehen, daß die obige Funktion h(x) nach dieser Definition nicht stetig ist. Betrachtet man zum Beispiel als Folge (x_n) die Punkte $x_n = 2 - \frac{1}{n}$, so ist $h(x_n) = 1$ für alle n und somit $\lim h(x_n) = 1$. (x_n) konvergiert jedoch gegen 2 und $h(2) = 2$. $\lim h(x_n)$ und $h(\lim x_n)$ fallen somit auseinander. Stetige Funktionen sind danach Funktionen, die keine Sprungstellen aufweisen. Dies impliziert insbesondere, daß der Graph jeder stetigen Funktion als durchgehende Linie gezeichnet werden kann.

Die Klasse der stetigen Funktionen enthält viele der häufig auftretenden elementaren Funktionen. Manche von ihnen sind auf der ganzen reellen Zahlengeraden stetig, so z. B. das allgemeine Polynom

$$f(x) = a_0 + a_1 x + a_2 x^2 + a_3 x^3 + \cdots + a_n x^n$$

$a_0, a_1, \ldots$ beliebig, n natürliche Zahl,

die Potenzfunktion
$$f(x) = x^\alpha \quad \alpha > 1,$$

die Exponentialfunktion
$$f(x) = e^x,$$

die Sinusfunktion
$$f(x) = \sin x.$$

Aus dem ersten Beispiel sieht man sofort, daß natürlich die Funktion

$$f(x) = a_0 \quad a_0 = \text{const.}$$

stetig ist und alle Funktionen der Form

$$f(x) = x^n \quad \text{n natürliche Zahl.}$$

Andere sind nur auf Teilintervallen von $\mathbb{R}$ stetig, so zum Beispiel die Logarithmusfunktion
$$f(x) = \log x$$
oder die Funktionen
$$f(x) = x^\alpha \quad \text{mit} \quad \alpha < 1.$$

Für die Anwendungen der Stetigkeit in dem hier gesteckten Rahmen wird es in den seltensten Fällen erforderlich sein, die Stetigkeit einer bestimmten Funktion direkt mit Hilfe der Definition zu überprüfen.

1.6 Stetigkeit

Vielmehr wird man in aller Regel die Stetigkeit einer Funktion aufgrund der bekannten Stetigkeitseigenschaften ihrer Teilelemente nachweisen, da die Standardrechenarten und einige zusätzliche Operationen mit Funktionen stetigkeitserhaltend sind. Diese sind in dem folgenden Satz zusammengefaßt.

Satz: *Gegeben seien zwei stetige Funktionen f und g. Dann sind die folgenden Funktionen ebenfalls stetig:*

(1) $|f(x)|$,

(2) $f(x) \pm g(x)$,

(3) $f(x) \cdot g(x)$,

(4) $\dfrac{f(x)}{g(x)}$ *falls* $g(x) \neq 0$,

(5) $f(g(x))$,

(6) $\text{Min}\{f(x), g(x)\}$,

(7) $\text{Max}\{f(x), g(x)\}$,

(8) $f^{-1}(y)$ *falls* f^{-1} *existiert.*

Um zum Beispiel (6) bzw. (7) zu zeigen, genügt es, die Minimierung bzw. die Maximierung etwas anders zu schreiben. Man kann leicht überprüfen, daß für die Funktion in (7)

$$h(x) = \text{Max}\{f(x), g(x)\} = \tfrac{1}{2}(f(x) + g(x)) + \tfrac{1}{2}|f(x) - g(x)|$$

geschrieben werden kann. Dann folgt die Stetigkeit von (7) aus (1) und (2). In Abb. 1.12 ist für zwei Funktionen f und g der Graph der Funktion $\text{Max}\{f(x), g(x)\}$ dick gezeichnet.

Als zweites Beispiel sei der Gewinn eines Unternehmens in Abhängigkeit des Preises auf Stetigkeit zu untersuchen. Dabei sei bekannt, daß die Kosten des Unternehmens $C(x)$ stetig von der Ausbringungsmenge x abhängen und die abgesetzte Menge stetig vom Preis p, $x = f(p)$. Als Gewinn folgt dann

$$Q = px - C(x) = p \cdot f(p) - C(f(p)) = F(p).$$

Die Anwendung der Aussagen (3), (5) und (2) zeigt, daß der Gewinn stetig mit dem Preis variiert.

1 Grundbegriffe der Analysis

Drei wesentliche Resultate und Konsequenzen der Stetigkeit sollen noch diskutiert werden, die in der Anwendung, insbesondere in der Theorie der Optimierung, eine Rolle spielen.

Satz: (Zwischenwertsatz): *Sei* f: [a, b] → ℝ *eine stetige Funktion mit der Eigenschaft* f(a) ≠ f(b). *Dann gibt es zu jeder Zahl* A *zwischen* f(a) *und* f(b) *ein* x *mit* a < x < b *und* f(x) = A.

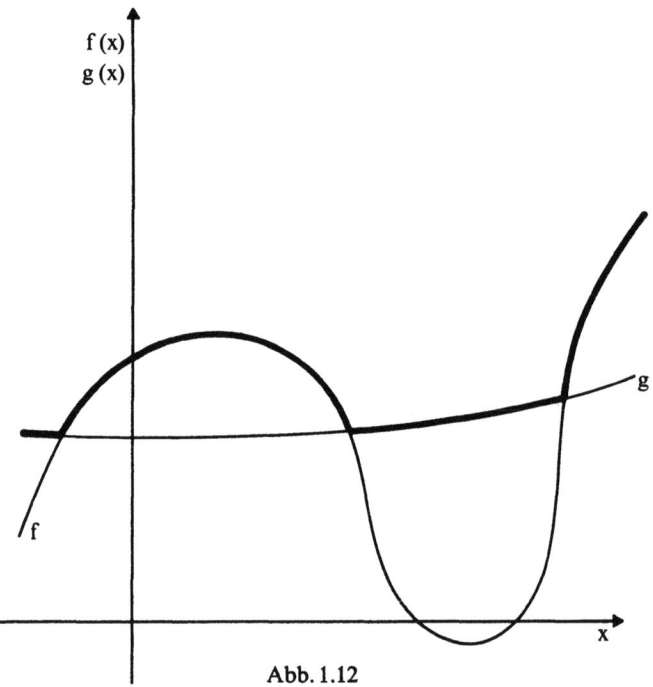

Abb. 1.12

Dieser Satz besagt, daß jeder beliebige Wert zwischen f(a) und f(b) auch auf dem Intervall [a, b] angenommen wird. Ist zum Beispiel f(a) > 0 und f(b) < 0, so folgt daraus sofort, daß die Funktion f auf [a, b] eine Nullstelle haben muß, d.h. es existiert ein x∈[a, b] mit f(x) = 0. Als Gegenbeispiel betrachte man noch einmal die zu Beginn dieses Abschnitts dargestellte Treppenfunktion. Man sieht leicht, daß aufgrund der mangelnden Stetigkeit die Werte zwischen den ganzen Zahlen nicht angenommen werden.

Als unmittelbare Folgerungen aus dem Zwischenwertsatz erhält man das folgende Resultat:

Satz: *Sei f eine auf einem Intervall stetige Funktion, und sei für eine reelle Zahl a f(x) ≠ a für alle x aus dem Intervall. Dann ist entweder f(x) > a oder f(x) < a für alle x.*

Die Stetigkeit impliziert also, daß die Funktion entweder oberhalb oder unterhalb von a liegen muß, falls der Wert a selbst nicht angenommen wird.

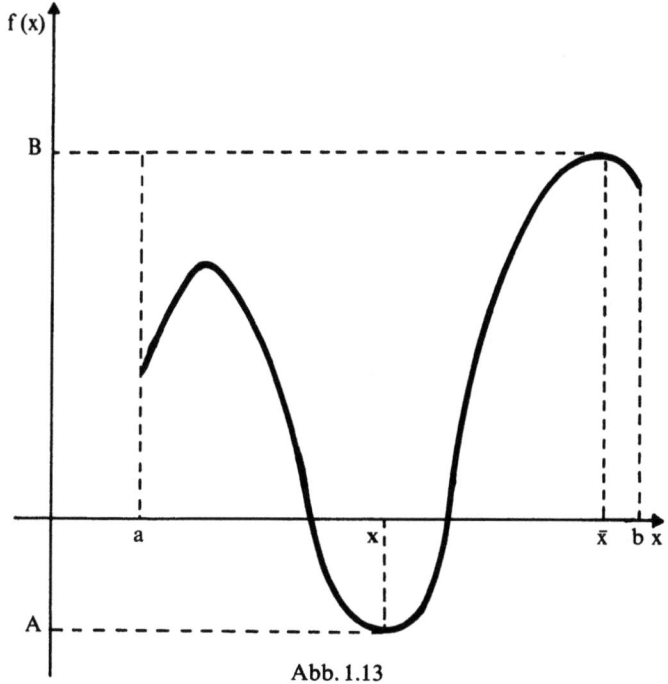

Abb. 1.13

Satz: *Sei f: [a, b] → ℝ eine stetige, nicht konstante Funktion auf einem abgeschlossenen und beschränkten Intervall. Dann ist der Wertebereich der Funktion selbst ein abgeschlossenes und beschränktes Intervall.*

Mit anderen Worten beinhaltet dieser Satz, daß der Funktionswert f(x) nach oben und nach unten beschränkt ist *und* daß die Endpunkte des Wertebereichs selbst durch die Funktion angenommen werden. Es gibt also zwei reelle Zahlen A und B mit A < B und zwei Werte $\underline{x} \in [a, b]$ und $\bar{x} \in [a, b]$, so daß $f(\underline{x}) = A$ und $f(\bar{x}) = B$. Außerdem gilt, daß $f(\underline{x}) \leq f(x) \leq f(\bar{x})$ für alle $x \in [a, b]$. A bezeichnet man als das Minimum

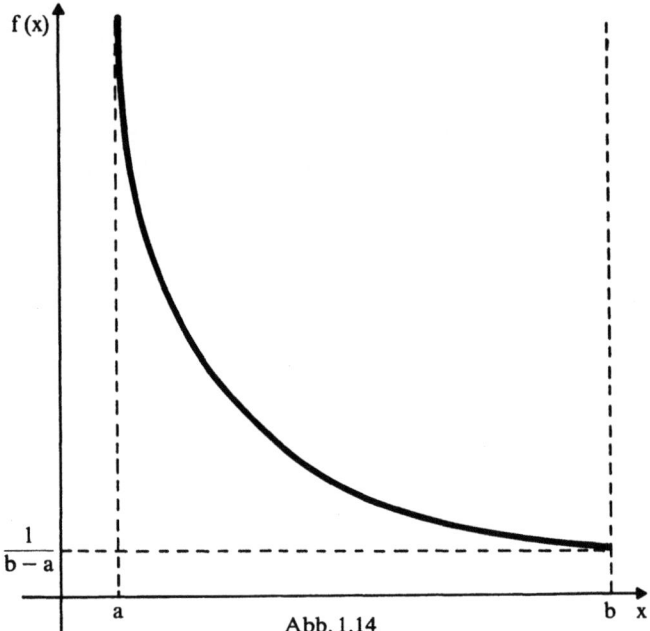

Abb. 1.14

von f auf [a, b] und B als das Maximum von f auf [a, b]. Abbildung 1.13 macht diesen Zusammenhang deutlich. Als Gegenbeispiel und Vergleich betrachte man die Funktion

$$f: (a, b] \to \mathbb{R} \quad \text{definiert durch} \quad f(x) = \frac{1}{x - a}.$$

Diese Funktion ist auf dem gesamten halboffenen Intervall (a, b] stetig, aber nicht beschränkt, denn für $x \to a$ wächst $f(x)$ über alle Grenzen. Der Wertebereich von f ist dabei das nach oben unbeschränkte Intervall

$$\left\{ y \mid y \geq \frac{1}{b - a} \right\}.$$

1.7 Konkavität–Konvexität

Die Theorie der Optimierung in der Wirtschaftstheorie hat als typische Fragestellung stets die Suche nach dem Minimum bzw. dem Maximum

1.7 Konkavität–Konvexität

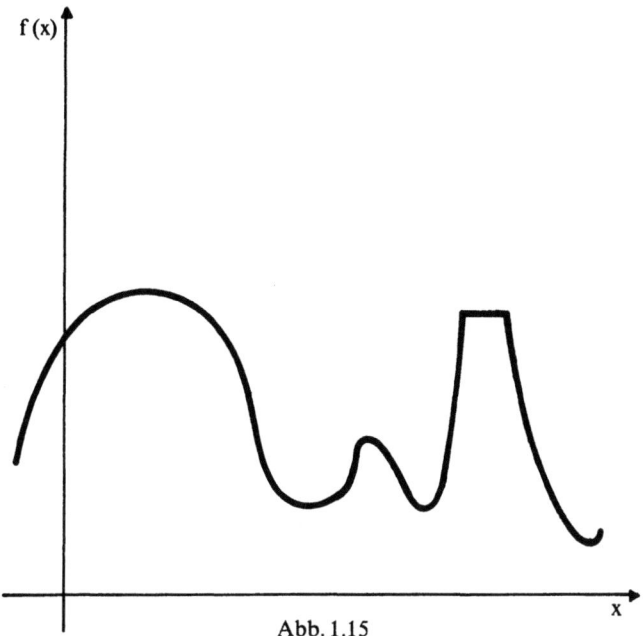

Abb. 1.15

einer Funktion. Abgesehen von der Frage nach der Existenz einer optimalen Lösung steht das Auffinden und die Charakterisierung der optimalen Lösung im Vordergrund. Hinreichende Bedingungen für die Existenz einer optimalen Lösung bei stetigen Funktionen wurden im letzten Satz des vorangegangenen Abschnitts gegeben. Das Auffinden und die Charakterisierung eines Maximums bzw. Minimums kann jedoch sehr komplex sein, wie Abb. 1.15 verdeutlicht. Die hier dargestellte Funktion besitzt mehrere sogenannte lokale Minima bzw. Maxima, d.h. in der Umgebung dieser Punkte nimmt die Funktion nur größere bzw. kleinere Werte an. Das globale Minimum bzw. Maximum ist dabei nur mit sehr komplexen mathematischen Methoden zu ermitteln. Die Klasse von Funktionen, die ideale Eigenschaften für die Optimierung besitzen und die angedeuteten Schwierigkeiten nicht verursachen, ist die Klasse der konkaven bzw. der konvexen Funktionen.

Definition: *Eine auf einem Intervall definierte Funktion heißt konkav genau dann, wenn für alle* x, y *aus dem Intervall und jedes* $\lambda \in [0,1]$ *gilt:*

$$f(\lambda x + (1-\lambda)y) \geqq \lambda f(x) + (1-\lambda) f(y).$$

f *heißt streng konkav, falls für alle λ mit $0 < \lambda < 1$*

$$f(\lambda x + (1 - \lambda) y) > \lambda f(x) + (1 - \lambda) f(y)$$

gilt.

Der Punkt $z = \lambda x + (1 - \lambda) y$ ist eine konvexe Kombination der Punkte x und y und gehört somit zum Definitionsbereich der Funktion.

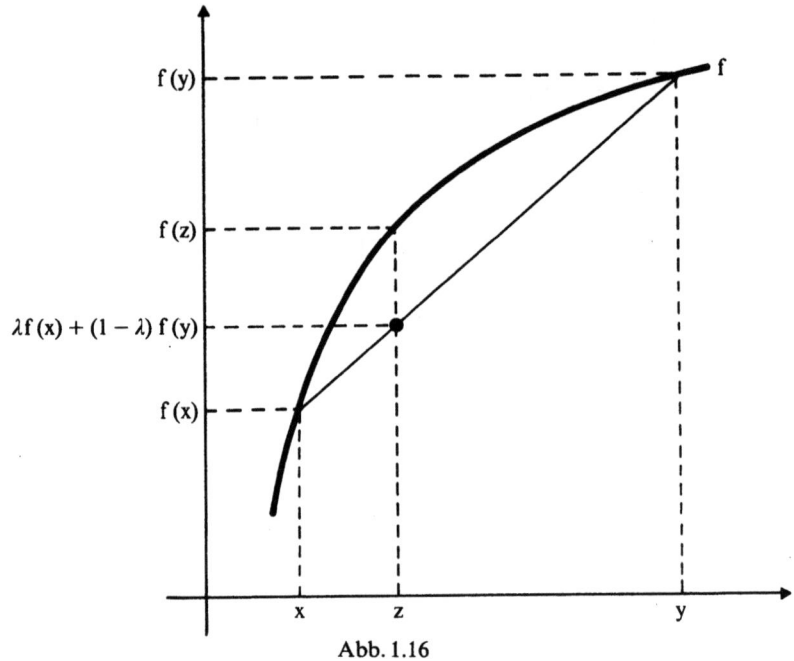

Abb. 1.16

$\lambda f(x) + (1 - \lambda) f(y)$ ist gerade die gleiche konvexe Kombination der Funktionswerte. Geometrisch läßt sich der Sachverhalt anschaulich verdeutlichen. In Abb. 1.16 ist der Graph einer konkaven Funktion f dargestellt. Die Punkte $(\lambda x + (1 - \lambda) y, \lambda f(x) + (1 - \lambda) f(y))$ als Funktion von λ ergeben genau die Verbindungsgerade zwischen den beiden Punkten $(x, f(x))$ und $(y, f(y))$. Konkavität bedeutet damit, daß die Funktion zwischen x und y oberhalb von dieser Geraden verlaufen muß. Der Graph von f ist somit eine nach oben gekrümmte Kurve. Die Funktion $f(x) = x^{1/2}$ für $x \geq 0$ ist zum Beispiel konkav. Konkavität und Stetigkeit stehen in einem engen Zusammenhang.

Satz: *Ist f: $\mathbb{R} \to \mathbb{R}$ eine auf dem gesamten $\mathbb{R}$ konkave Funktion, so ist f stetig auf $\mathbb{R}$.*

1.7 Konkavität–Konvexität

Eine etwas eingeschränktere Stetigkeitsaussage gilt für konkave Funktionen, die auf einem Intervall definiert sind.

Satz: *Sei* f: [a, b] → ℝ *konkav. Dann ist f auf dem offenen Intervall* (a, b) *stetig.*

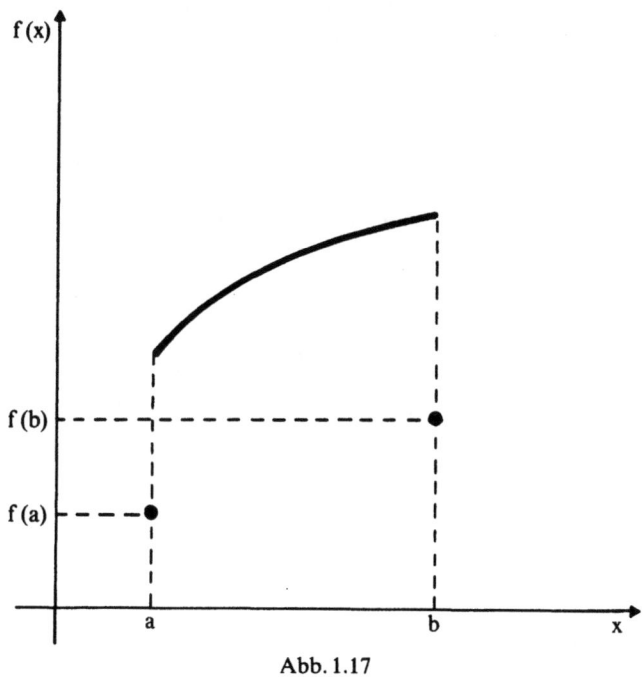

Abb. 1.17

Zur Verdeutlichung der Aussage dieses Satzes betrachte man Abb. 1.17. Die dargestellte Funktion weist an den beiden Endpunkten des Intervalls jeweils eine Unstetigkeitsstelle auf. Es ist leicht nachzuprüfen, daß bei Konkavität eine Sprungstelle zwischen a und b nicht möglich ist.

Die Bedeutung der Konkavität wird im Abschnitt über Optimierung erkennbar werden, da aus ihr starke globale Eigenschaften folgen. Zwei wichtige Operationen mit konkaven Funktionen erweisen sich als konkavitätserhaltend. Andere Operationen, die zum Beispiel die Stetigkeit von Funktionen nicht verletzen, sind im allgemeinen nicht konkavitätserhaltend.

Satz: *Seien* $f_1, \ldots, f_n$ *konkave Funktionen mit gleichem Definitionsbereich und* $a_1, \ldots, a_n$ *nicht-negative Zahlen. Dann gilt:*

(i) $g(x) = \text{Min}\{f_1(x), \ldots, f_n(x)\}$ *ist konkav,*
(ii) $h(x) = \sum_{i=1}^{n} a_i f_i(x)$ *ist konkav.*

Aus (ii) folgt trivialerweise, daß jede mit einer positiven Zahl multiplizierte konkave Funktion wiederum konkav ist. Abbildung 1.18 gibt ein Beispiel für den Fall (i) und vier Funktionen. Dabei ist der dick eingezeichnete Graph die Funktion

$$\text{Min}\{f_1(x), f_2(x), f_3(x), f_4(x)\}.$$

Der zur Konkavität symmetrische Fall, der für die Minimierung einer Funktion die gleiche bedeutende Rolle spielt, ist die Konvexität.

Definition: *Eine auf einem Intervall definierte Funktion f heißt konvex genau dann, wenn für alle x und y aus dem Intervall und für alle $\lambda \in [0,1]$ gilt:*

$$f(\lambda x + (1 - \lambda) y) \leq \lambda f(x) + (1 - \lambda) f(y).$$

f *heißt streng konvex, falls für alle λ mit $0 < \lambda < 1$*

$$f(\lambda x + (1 - \lambda) y) < \lambda f(x) + (1 - \lambda) f(y)$$

gilt.

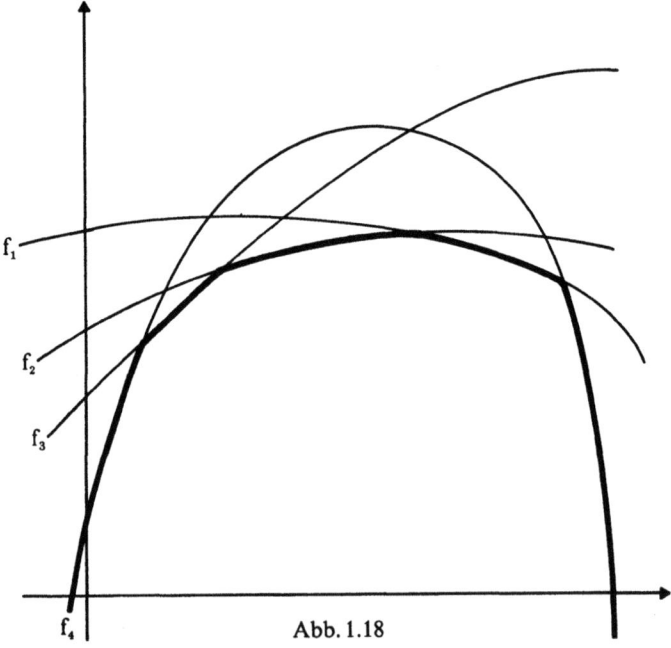

Abb. 1.18

1.7 Konkavität–Konvexität   29

Eine konvexe Funktion weist die zu einer konkaven Funktion entgegengesetzte Krümmung auf (s. Abb. 1.19). Der Graph der Funktion verläuft also unterhalb jeder Geraden, die zwei beliebige Punkte des Graphen miteinander verbindet. Für konvexe Funktionen gelten nahezu identische Sätze wie für konkave Funktionen.

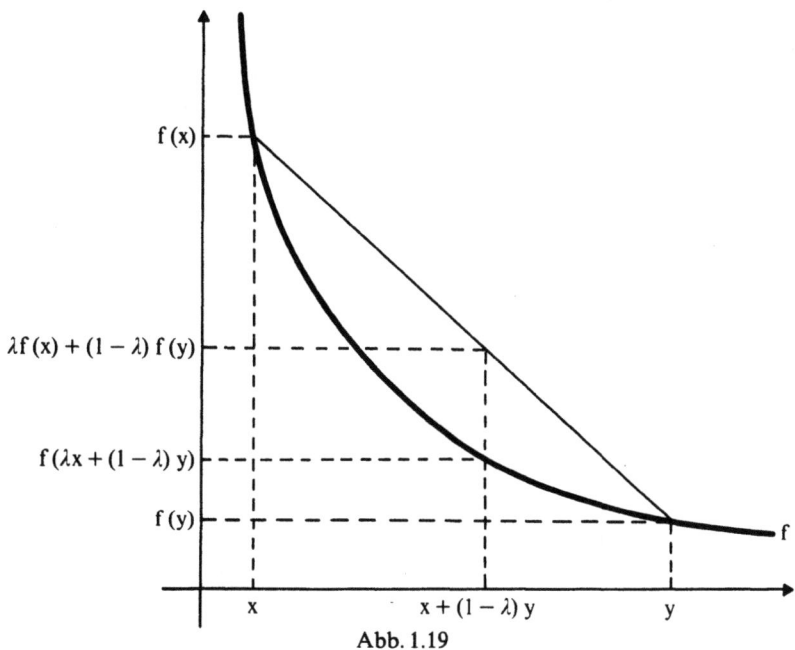

Abb. 1.19

Analog zum konkaven Fall kann man sich durch eine einfache Überlegung die folgenden Sätze klarmachen.

Satz: *Ist* $f: \mathbb{R} \to \mathbb{R}$ *auf der gesamten reellen Zahlenachse* $\mathbb{R}$ *konvex, dann ist* f *auch stetig auf* $\mathbb{R}$.

Satz: *Ist* $f: [a, b] \to \mathbb{R}$ *konvex, dann ist* f *stetig auf dem offenen Intervall* (a, b).

Außerdem gilt in analoger Weise folgender Satz:

Satz: *Seien* $f_1, \ldots, f_n$ *konvexe Funktionen mit gleichem Definitionsbereich und* $a_1, \ldots, a_n$ *nicht-negative Zahlen. Dann gilt:*

(i) $g(x) = \text{Max}\{f_1(x), \ldots, f_n(x)\}$ *ist konvex*,

(ii) $h(x) = \sum_{i=1}^{n} a_i f_i(x)$ *ist konvex*.

Es besteht ein weiterer Zusammenhang zwischen konkaven und konvexen Funktionen, der leicht geometrisch ersichtlich ist.

Satz: *f ist genau dann konkav, wenn* $-f$ *konvex ist.*

Die in der Definition der Konkavität bzw. der Konvexität geforderte Ungleichung muß natürlich nicht immer strikt erfüllt sein, da die Gleichheit zugelassen ist. Ist die Gleichheit erfüllt, so stimmt der Graph der Funktion mit der Verbindungsgeraden überein. In diesem Fall gelten beide der geforderten Ungleichungen. Dies ist dann der Fall, wenn die Funktion selbst linear ist.

Satz: *Ist eine Funktion f konkav und konvex, dann ist sie linear.*

1.8 Differenzierbarkeit und Differentiation von reellen Funktionen

Differenzierbarkeitseigenschaften von Funktionen und die Methode der Differentiation stellen zusätzliche Möglichkeiten dar, Funktionen und ihren Verlauf zu beschreiben. Die Methoden der Differentialrechnung bilden einen wichtigen Bestandteil der mathematischen Methoden der Optimierung überhaupt.

Grundlegender Ausgangspunkt der Differentialrechnung ist es, Veränderungen des Funktionswertes in ihrer Abhängigkeit von Veränderungen des Arguments zu untersuchen. Man betrachte eine reelle Funktion f, deren Graph in Abb. 1.20 dargestellt ist. Für eine Veränderung von x um den Betrag Δx verändert sich der Funktionswert gerade um den Betrag $\Delta y = f(x + \Delta x) - f(x)$. Den Ausdruck

$$\frac{\Delta y}{\Delta x} = \frac{f(x + \Delta x) - f(x)}{\Delta x}$$

bezeichnet man als den *Differenzenquotienten*.

Beispiel: Gegeben sei die Kostenfunktion $K = C(x) = 10 + x^2$. In der folgenden Tabelle sind für einen Teil des Definitionsbereichs K, ΔK und

1.8 Differenzierbarkeit und Differentiation von reellen Funktionen

ΔK/Δx angegeben. Daraus wird ersichtlich, daß mit steigendem Output nicht nur die Kosten, sondern auch die jeweiligen Kostenzuwächse ΔK steigen. Die Größe ΔK/Δx gibt die Kostenänderung ΔK bezogen auf die zugehörige Outputänderung Δx an. Mit anderen Worten, der Differenzenquotient ΔK/Δx ist ein Maß für die Veränderungsrate der Kosten. Man sieht auch hier, daß die Veränderungsrate mit zunehmendem Output zunimmt.

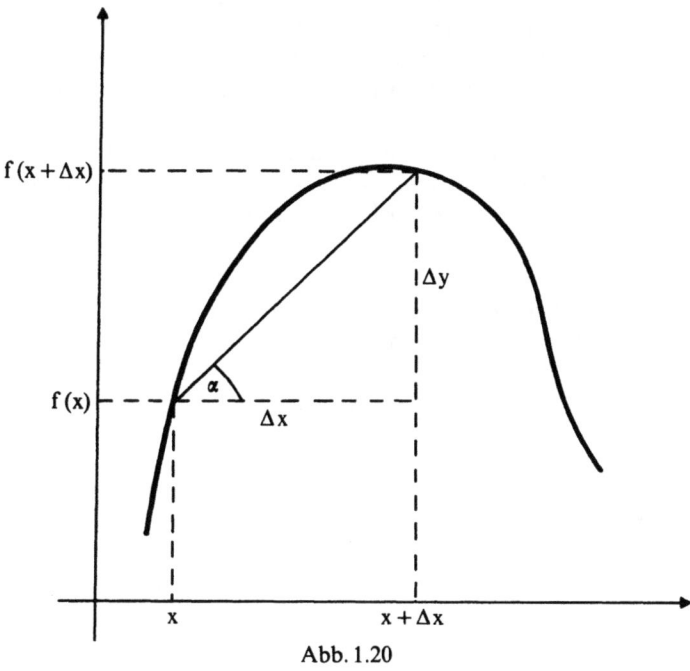

Abb. 1.20

x	K	ΔK	ΔK/Δx
0	10		
1	11	1	1
2	14	3	3
3	19	5	5
4	26	7	7
5	35	9	9
10	110	75	15
15	235	125	25
20	410	175	35

1 Grundbegriffe der Analysis

Allgemein läßt sich feststellen, daß der Differenzenquotient nicht nur vom gewählten Ausgangspunkt x, sondern auch von der gewählten Veränderung Δx abhängt. Geometrisch gibt der Differenzenquotient $\Delta y/\Delta x$ gerade die Steigung der Sekante an, die die beiden Punkte des Graphen $(x, f(x))$ und $(x + \Delta x, f(x + \Delta x))$ verbindet, in Abb. 1.20 $\Delta y/\Delta x = \text{tg } \alpha$. Ist dieser positiv, so ist die Funktion steigend, ist er negativ, so ist sie fallend. Die Größe des Differenzenquotienten gibt darüber hinaus an, wie steil die Funktion verläuft.

Für die Beschreibung des Verlaufs der Funktion in der Nähe eines Punktes x wird man Δx klein wählen, was geometrisch eine Annäherung der Sekante an den Graph der Funktion bedeutet. Für Δx hinreichend klein stellt der Differenzenquotient somit zunehmend eine bessere Approximation der Steigung des Graphen im Punkt x dar. Im Grenzübergang für $\Delta x \to 0$ erhält man schließlich die Steigung der Tangente an den Graphen. Die vorangegangenen Überlegungen motivieren die folgende Definition des *Differentialquotienten*.

Definition: *Sei f eine auf einem Intervall definierte reelle Funktion. Existiert in einem Punkt* x *der Grenzwert*

$$\lim_{\Delta x \to 0} \frac{f(x + \Delta x) - f(x)}{\Delta x} = A,$$

so heißt A *der Differentialquotient von f an der Stelle* x *oder die Ableitung von f an der Stelle* x.

Man schreibt dann $A = f'(x)$ oder $A = \frac{dy}{dx}(x)$ mit der Sprechweise „dy nach dx", oder $A = \frac{df}{dx}$ mit der Sprechweise „df nach dx". Geometrisch bedeutet die Ableitung nichts anderes als den Tangens der Steigung der Tangente an den Graphen im Punkt x. Es ist einleuchtend, daß die Ableitung selbst wieder eine Funktion von x ist, da ja die Tangentensteigung im allgemeinen mit x variiert.

In dem obigen Beispiel der Kostenfunktion $C(x) = 10 + x^2$ gibt die Ableitung der Kostenfunktion $C'(x)$ an einer Stelle x somit die Steigung der Kostenfunktion im Punkt x an. Inhaltlich bedeutet $C'(x)$, mit welcher Rate die Kosten in x bei einer infinitesimalen Erhöhung des Outputs steigen. Für $x = 5$ ergibt sich zum Beispiel

$$C'(5) = \lim_{\Delta x \to 0} \frac{(10 + (5 + \Delta x)^2) - (10 + 25)}{\Delta x} = \lim_{\Delta x \to 0} \frac{10 \Delta x + (\Delta x)^2}{\Delta x}$$
$$C'(5) = 10.$$

1.8 Differenzierbarkeit und Differentiation von reellen Funktionen

Die Funktion $C'(x)$, d.h. die Ableitung der Kostenfunktion $C(x)$, wird als Grenzkostenfunktion bezeichnet.

Die Existenz der Ableitung und ihr Verlauf sind offensichtlich wesentliche Eigenschaften der Funktion f selbst. Dies berechtigt zu der folgenden Definition:

Definition: *Eine Funktion f heißt stetig differenzierbar genau dann, wenn f'(x) existiert und stetig ist für alle x aus dem Definitionsbereich von f.*

Den Zusammenhang zwischen Stetigkeit und Differenzierbarkeit gibt der folgende Satz an.

Satz: *Ist f differenzierbar an der Stelle x, so ist f an dieser Stelle auch stetig.*

Die Umkehrung dieser Aussage ist falsch, wie das folgende Beispiel zeigt. Damit ist die Klasse der differenzierbaren Funktionen eine echte Teilklasse der stetigen Funktionen. Man betrachte die Funktion in Abb. 1.21, die aus zwei linearen Teilstücken mit unterschiedlicher Stei-

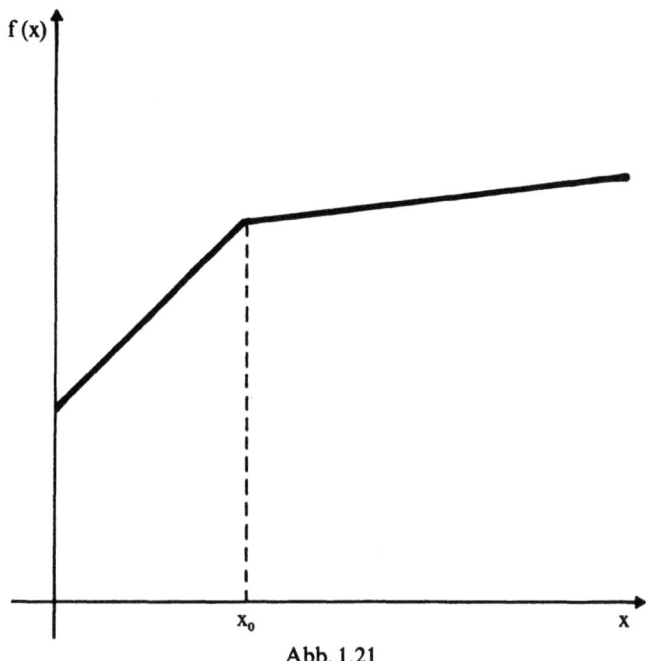

Abb. 1.21

gung besteht. Die Funktion ist stetig, auch im Punkt x_0. Die Ableitung der Funktion f an der Stelle x_0 existiert jedoch nicht. Man sieht auch, daß eine unendliche Anzahl von Tangenten mit unterschiedlicher Steigung an den Graph im Punkt x_0 gelegt werden können.

Da die Ableitung f' einer Funktion f selbst wiederum eine Funktion ist, kann man, um ihren Verlauf näher zu bestimmen, auch ihre Ableitung untersuchen. Die Ableitung der Ableitungsfunktion bezeichnet man dann als die zweite Ableitung der Ausgangsfunktion mit der Schreibweise f'' oder $\frac{d^2y}{dx^2}$ oder $\frac{d^2f}{dx^2}$. Dieses Verfahren der mehrfachen Differentiation kann im Prinzip beliebig oft durchgeführt werden, solange die entstehenden Funktionen wieder differenzierbar sind.

Definition: *Eine Funktion f heißt k-mal stetig differenzierbar genau dann, wenn ihre Ableitungen bis zur Ordnung k existieren und stetig sind.*

Für die meisten allgemein verwendeten Funktionen lassen sich nun wieder die Ermittlung der Ableitung auf bestimmte einfache Funktionsformen und auf die Anwendung bestimmter Verknüpfungsregeln zurückführen. Einige der am häufigsten auftretenden und beliebig oft differenzierbaren Funktionen sind:

(1) $f(x) = a \quad a = \text{const}$,
(2) $f(x) = a x^\alpha \quad \alpha$ beliebig, $x \neq 0$,
(3) $f(x) = a_0 + a_1 x + a_2 x^2 + \cdots + a_n x^n$,
(4) $f(x) = e^x$,
(5) $f(x) = \ln x \quad x > 0$.

Die zugehörigen Ableitungen sind:

(1) $f'(x) = f''(x) = f'''(x) = \cdots = 0$,
(2) $f'(x) = \alpha a x^{\alpha - 1} \quad x \neq 0$,
(3) $f'(x) = a_1 + 2 a_2 x + 3 a_3 x^2 + \cdots + n a_n x^{n-1}$,
(4) $f'(x) = f''(x) = f'''(x) = \cdots = e^x$,
(5) $f'(x) = \frac{1}{x} \quad x > 0$.

In Verbindung mit den folgenden Differentiationsregeln für Verknüpfungen von Funktionen lassen sich damit für viele Funktionen in analytischer Form die Ableitungen bestimmen, falls diese existieren.

Satz: *Gegeben seien die differenzierbaren Funktionen f und g mit gleichem Definitionsbereich. Dann gilt:*

(1) *Summenregel*

$$h(x) = f(x) \pm g(x) \Rightarrow h'(x) = f'(x) \pm g'(x).$$

(2) *Produktregel*

$$h(x) = f(x) \cdot g(x) \Rightarrow h'(x) = f'(x)g(x) + f(x)g'(x).$$

(3) *Quotientenregel*

$$h(x) = \frac{f(x)}{g(x)} \Rightarrow h'(x) = \frac{g(x)f'(x) - f(x)g'(x)}{[g(x)]^2}.$$

(4) *Kettenregel*

$$y = f(z), \quad z = g(x) \quad \text{und}$$
$$h(x) = f(g(x)) \Rightarrow h'(x) = f'(z) \cdot g'(x) \quad \text{wobei} \quad z = g(x).$$

(5) *Inversenregel*

$$y = f(x) \quad \text{mit} \quad x = f^{-1}(y) \Rightarrow (f^{-1})'(y) = \frac{1}{f'(x)}$$

mit $y = f(x)$ und $f'(x) \neq 0$.

Die wesentlichen Anwendungen der Differentiationsregeln werden in den folgenden Kapiteln auftreten. Hier sind deshalb lediglich zwei ökonomische Beispiele analysiert.

Beispiel: Gegeben sei noch einmal der Zusammenhang zwischen Arbeitsstundenzahl x und Einkommen y

$$y = f(x) = wx$$

und Konsum z und Einkommen y

$$z = g(y) = a + b y^{1/2}.$$

Zu bestimmen ist die Ableitung der Funktion $z = h(x) = (g \circ f)(x)$. Unter Verwendung der Kettenregel (4) ist

$$h'(x) = g'(y)f'(x)$$
$$= [\tfrac{1}{2} b y^{-1/2}]w$$
$$h'(x) = \tfrac{1}{2} b (wx)^{-1/2} w = \tfrac{1}{2} b w^{1/2} x^{-1/2}.$$

Beispiel: Gegeben sei eine Kostenfunktion C mit $K = C(x)$. Welcher Zusammenhang besteht zwischen den Durchschnittskosten AC und der Ableitung der Kostenfunktion, den sogenannten Grenzkosten MC?

1 Grundbegriffe der Analysis

Man betrachte dazu

$$\frac{dAC}{dx} = \frac{d\left(\frac{C(x)}{x}\right)}{dx} = \frac{x \cdot C'(x) - C(x)}{x^2} \quad x > 0$$

$$= \frac{1}{x}\left[C'(x) - \frac{C(x)}{x}\right]$$

$$= \frac{1}{x}[MC - AC].$$

Daraus folgt, daß

$$\frac{dAC}{dx} \gtreqless 0 \Leftrightarrow MC \gtreqless AC.$$

Die Grenzkosten MC sind genau dann größer, gleich oder kleiner als die Durchschnittskosten AC, wenn die Steigung der Durchschnittskosten positiv, null oder negativ ist, d.h. wenn die Durchschnittskosten steigen bzw. fallen.

Das vorangegangene Beispiel hat bereits gezeigt, daß das Vorzeichen des Wertes der Ableitungsfunktion an einer Stelle Auskunft darüber gibt, ob die Funktion in dem Punkt steigend oder fallend verläuft. Dies führt direkt zur Charakterisierung von monotonen, differenzierbaren Funktionen.

Satz: *Sei f eine stetig differenzierbare Funktion. Dann gilt: f ist streng monoton steigend (fallend), wenn* $f'(x) > 0$ $(f'(x) < 0)$ *für alle x.*

Es gibt jedoch auch streng monotone Funktionen, deren Ableitung den Wert null an einer bestimmten Stelle annehmen kann.

Beispiel: $f(x) = x^3$. Dies ergibt $f'(x) = 3x^2$ mit $f'(0) = 0$.

Konkave bzw. konvexe Funktionen, die differenzierbar sind, lassen sich ebenfalls durch Eigenschaften ihrer Ableitungsfunktionen charakterisieren. Das Vorzeichen der ersten Ableitung kann dabei kein Kriterium sein, denn es gibt sowohl fallende als auch steigende konkave wie konvexe Funktionen. In Abb. 1.22 ist eine konkave Funktion dargestellt, die im Punkt x_0 differenzierbar ist. Die geforderte Krümmungseigenschaft für Konkavität impliziert, daß die Tangente an den Graphen im Punkt x_0 oberhalb des Graphen verläuft. Aus der Tangentenformel

$$\frac{y - f(x_0)}{x - x_0} = f'(x_0)$$

1.8 Differenzierbarkeit und Differentiation von reellen Funktionen

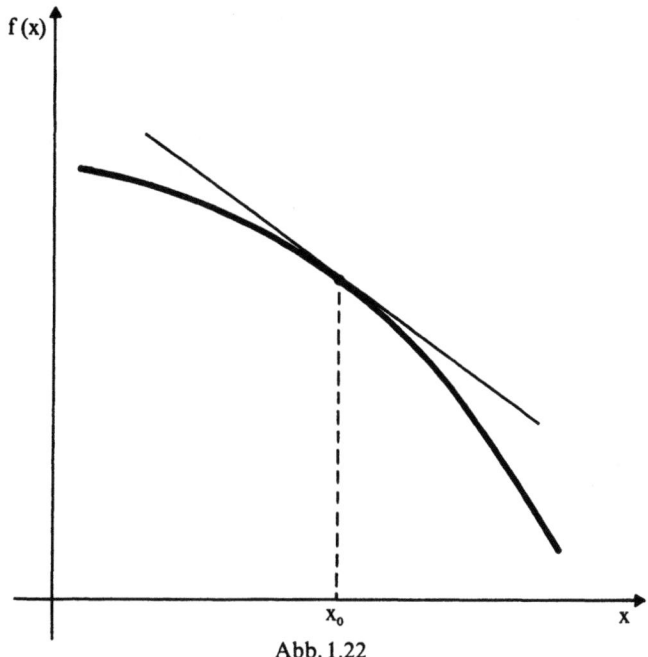

Abb. 1.22

ergibt sich die Gleichung der Tangente

$$y = f(x_0) + f'(x_0) \cdot (x - x_0),$$

so daß man als Ungleichung für alle x_0 und x die Bedingung

$$f(x) \leq f(x_0) + f'(x_0) \cdot (x - x_0)$$

erhält.

Satz: *Ist f eine stetig differenzierbare, konkave Funktion, dann gilt für alle x_0 und x:*

$$f(x) \leq f(x_0) + f'(x_0) \cdot (x - x_0).$$

Man kann sich leicht klarmachen, daß der gleiche Satz mit einem umgekehrten Ungleichheitszeichen für konvexe Funktionen gilt.

Betrachtet man bei einer konkaven Funktion die Veränderung der Steigung der Tangente, so sieht man leicht, daß diese niemals zunehmen kann, sondern in der Regel abnimmt. Als Maß für die Veränderung der Steigung gilt natürlich die zweite Ableitung, falls sie existiert. Diese kann also nicht positiv sein.

1 Grundbegriffe der Analysis

Satz: *Sei f zweimal stetig differenzierbar. Dann gilt:*
(i) *f ist genau dann konkav, wenn* $f''(x) \leq 0$ *für alle x ist*
(ii) *Ist* $f''(x) < 0$ *für alle x, dann ist f streng konkav.*

Für konvexe Funktionen gelten die obigen Überlegungen analog und dieser Satz mit den beiden Ungleichheitszeichen entgegengesetzt. Damit ist für differenzierbare Funktionen die Überprüfbarkeit der Konkavität bzw. Konvexität relativ einfach und eine direkte Charakterisierung möglich.

Beispiel: Man betrachte die Funktion $f(x) = (x+k)^4$. Daraus erhält man
$$f'(x) = 4(x+k)^3$$
$$f''(x) = 12(x+k)^2 > 0 \quad x \neq -k.$$

Obwohl $f''(-k) = 0$ ist, überprüft man leicht, daß f streng konvex ist, da für alle $x \neq -k$
$$f(x) > 0 = f(-k) + f'(-k)(x+k).$$

Übungsaufgaben

1.1 Gegeben seien die Funktionen
$f: \mathbb{R} \to \mathbb{R}, \quad g: \mathbb{R} \to \mathbb{R},$
$f(x) = 3x + 1, \quad g(x) = x^2 - 3.$
Bilden Sie die Verknüpfungsfunktionen $(f \circ g)(x)$ und $(g \circ f)(x)$.

1.2 Bestimmen Sie die Inversen der folgenden Funktionen (falls möglich).
a) $f(x) = \dfrac{ax+b}{cx+d} \quad x \neq -\dfrac{d}{c}$.
b_1) $f(x) = \sin x$.
b_2) Ändert sich die Antwort, wenn f auf $\left[-\dfrac{\pi}{2}, +\dfrac{\pi}{2}\right]$ definiert wird?

1.3 a) Bestimmen Sie die Werte von
a_1) $\lim\limits_{x \to \infty} \dfrac{2x^3 + x^2 - 3}{x^3 + 3x^2 + 2}$.
a_2) $\lim\limits_{t \to -3} \dfrac{t^2 - t - 12}{t^2 + 4t + 3}$.
b) Zeigen Sie, ob und, wenn ja, wo die folgenden Funktionen nicht stetig sind.

b₁) $f(x) = \dfrac{4x}{4 - x^2}$.

b₂) $f(x) = \begin{cases} \dfrac{x^3 - 2x^2 - 3x + 6}{x - 2} & \text{für } x \neq 2 \\ 1 & \text{für } x = 2. \end{cases}$

1.4 Seien $f(x)$ und $g(x)$ stetig.
Zeigen Sie, daß Max $\{f(x), g(x)\}$ stetig ist.

1.5 Gegeben seien zwei Funktionen
$f, g: \mathbb{R} \to \mathbb{R}$, wobei
$f(x) = x^2 + 2$
$g(x) = 4x^2 + 1$.
Zeichnen Sie den Graph von f und g.
Sei $h_1: \mathbb{R} \to \mathbb{R}$ definiert als

$$h_1(x) = \begin{cases} x^2 + 2 & \text{für } x \leqq (\sqrt{3})^{-1} \\ 4x^2 + 1 & \text{für } x > (\sqrt{3})^{-1}. \end{cases}$$

Untersuchen Sie h_1 auf Stetigkeit. Zeichnen Sie den Graph der Funktion.
Sei $h_2: \mathbb{R} \to \mathbb{R}$ definiert als

$$h_2(x) = \begin{cases} x^2 + 2 & \text{für } x \leqq 3 \\ 4x^2 + 1 & \text{für } x > 3. \end{cases}$$

Untersuchen Sie h_2 auf Stetigkeit. Zeichnen Sie den Graph.

1.6 Gegeben sie die Funktion $f(x) = a x^n$ mit $a > 0$, $n \in \mathbb{R}_+$, $x \geqq 0$.
Untersuchen Sie die Funktion auf Konkavität und Konvexität.

1.7 Gegeben sei die quadratische Kostenfunktion $K(x) = a x^2 + b x + c$
mit $a, b, c \geqq 0$ für $x \geqq 0$.
Ermitteln Sie die Durchschnittskosten und die Grenzkosten als Funktion von x.
Untersuchen Sie alle drei Funktionen auf Stetigkeit und Konvexität.

1.8 Ermitteln sie die Ableitungen der folgenden Funktionen
a) $y = (2x^3 - 3x)^{1/3}$.
b) $y = \frac{1}{3} e^{3 \ln x}$.
c) $y = 3 x^4 e^{x^3 + 2}$.
d) $y = e^t + 6$ mit $t = \ln(x^2 + 6x)$.

40 1 Grundbegriffe der Analysis

1.9 Eine Unternehmung stellt das Produkt y unter Einsatz von einem fixen Produktionsfaktor $v_1 = \bar{v}_1$ und einem variablen Faktor v_2 her. Es stehen drei Produktionsverfahren zur Verfügung, die die folgende Produktionsfunktion ergeben. Dabei ist $\bar{v}_1 = 1$ und $y \geq 0$.

$$y = (\bar{v}_1, v_2) = \begin{cases} \frac{1}{2} v_2^2 \bar{v}_1 & 0 \leq v_2 \leq 10 \\ (3 v_2 + 20) \bar{v}_1 & 10 < v_2 \leq 20 \\ 20 v_2^{1/2} \bar{v}_1 & v_2 > 20. \end{cases}$$

a) Bestimmen Sie Durchschnitts- und Grenzproduktfunktion und zeichnen Sie den Graph aller drei Funktionen.
b) Überprüfen Sie die Funktionen auf die folgenden Eigenschaften.
   1) Monotonie (strenge).
   2) Beschränktheit nach unten (oben).
   3) Konkavität.
   4) Stetigkeit.
   5) Differenzierbarkeit.

1.10 Gegeben sei eine lineare Durchschnittserlösfunktion
$AR = a - bx \quad a, b > 0$.
Zeigen Sie, daß die zugehörige Grenzerlösfunktion ebenfalls linear ist mit gleichem Ordinatenabschnitt a und einer Steigung $-2b$.

1.11 Zeigen Sie, daß jede Funktion $f: \mathbb{R}_+ \setminus \{0\} \to \mathbb{R}$ mit konstanter Elastizität α von der Form $f(x) = A x^\alpha$ ist.

Literaturhinweise

Forster, O. (1980). *Analysis 1. Differential- und Integralrechnung einer Veränderlichen.* Vieweg & Sohn, Braunschweig/Wiesbaden.
Lang, S. (1978). *A First Course in Calculus.* (4th ed.). Addison-Wesley Publ. Co., Reading, Mass. u.a.

Kapitel 2. Optimierung bei Funktionen einer Veränderlichen

Eines der Hauptanwendungsgebiete der Differentialrechnung in der Wirtschaftstheorie ist die Theorie der Optimierung. Ökonomische Fragestellungen, die die Bestimmung des Maximums oder Minimums einer gegebenen Zielfunktion zum Gegenstand haben, sind daher typisch. Die Methoden der Differentialrechnung liefern dafür ein entscheidendes Handwerkszeug für die analytische Ermittlung und Charakterisierung der gesuchten Extremwerte. Voraussetzung für die Anwendung dieser Methoden ist dabei, daß die betrachtete Funktion entsprechend differenzierbar ist. Ist diese Voraussetzung nicht erfüllt, so versagen in aller Regel die Methoden der Differentialrechnung. Solche Fälle müssen dann mit anderen Verfahren gelöst werden, die hier nicht dargestellt werden.

Sei $f: D \to \mathbb{R}$ eine Funktion mit dem Definitionsbereich $D \subset \mathbb{R}$. Die Extremwerte von f bezüglich D sind

$$\text{Max}\{f(x) | x \in D\}$$
$$\text{Min}\{f(x) | x \in D\}.$$

x^* heißt *Maximierer*, falls $f(x^*) \geq f(x)$ für alle $x \in D$ gilt. In gleicher Weise heißt x^* *Minimierer*, falls $f(x^*) \leq f(x)$ für alle $x \in D$ erfüllt ist.

Für eine gegebene Funktion f sei x^* ein Minimierer. Dann läßt sich durch eine einfache Überlegung überprüfen, daß x^* ein Maximierer für die Funktion $-f$ ist *und* daß

$$f(x^*) = \text{Min}\{f(x) | x \in D\} = -\text{Max}\{-f(x) | x \in D\} = -(-f(x^*))$$

(siehe Abb. 2.1) ist. Diese Gleichheit zeigt, daß jede Maximierung durch eine einfache Vorzeichenänderung der Funktion in eine Minimierung verwandelt werden kann, und umgekehrt. Darüber hinaus sind die Extremalstellen die gleichen. Dies bedeutet, daß für eine Beschreibung der Methoden zur Ermittlung von Extremwerten jeweils nur ein Problem, z.B. das der Maximierung betrachtet werden muß.

42 2 Optimierung bei Funktionen einer Veränderlichen

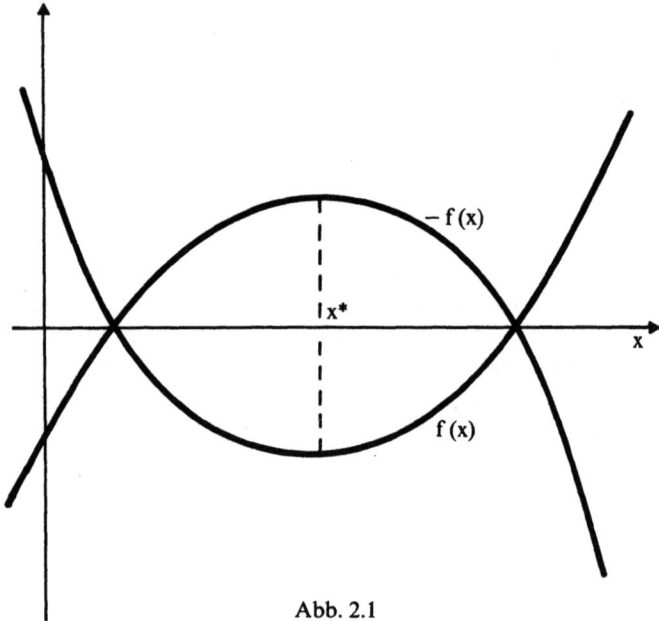

Abb. 2.1

Die Optimierungsprobleme lassen sich in Abhängigkeit vom Definitionsbereich D unterteilen in solche ohne Nebenbedingungen, d.h. wenn D = ℝ ist, und solche mit Nebenbedingungen, d.h. wenn D ≠ ℝ ist.

2.1 Optimierung ohne Nebenbedingungen

Satz (Notwendige Bedingungen): *Sei* g: ℝ → ℝ *eine zweimal stetig differenzierbare Funktion. Sei* x* *ein Maximierer von g auf* ℝ. *Dann gilt*

$$g'(x^*) = 0.$$

Von der Richtigkeit dieser Aussage kann man sich leicht anhand von Abb. 2.1 überzeugen. Betrachtet man die Funktion $g(x) = -f(x)$, so ist x* Maximierer und g(x*) das Maximum. Im Punkt x* ist g'(x*) gleich Null. Wäre zum Beispiel g'(x*) > 0, so ist für ein kleines positives ε der Wert der Funktion an der Stelle x* + ε größer als g(x*). Damit könnte x* nicht Maximierer sein. Die Notwendigkeit der Bedingung sagt in der Regel nichts darüber aus, ob diese auch hinreichend ist. Fragt man zum Beispiel nach dem Maximum der Funktion $f(x) = x^3$, so ergibt die Bedingung $f'(x) = 3x^2 = 0$ den Wert $x = 0$. Dies kann jedoch kein Maximierer sein, da $f(x) = x^3$ streng monoton wachsend ist. Diese Funktion besitzt auf $\mathbb{R}$ damit kein Maximum. Das Beispiel in Abb. 2.2 zeigt ebenfalls deutlich, daß die Bedingung $f' = 0$ in den beiden sogenannten lokalen Maxima erfüllt ist, jedoch kein globales Maximum vorliegt. Ohne eine Zusatzinformation über den globalen Verlauf kann mit Hilfe

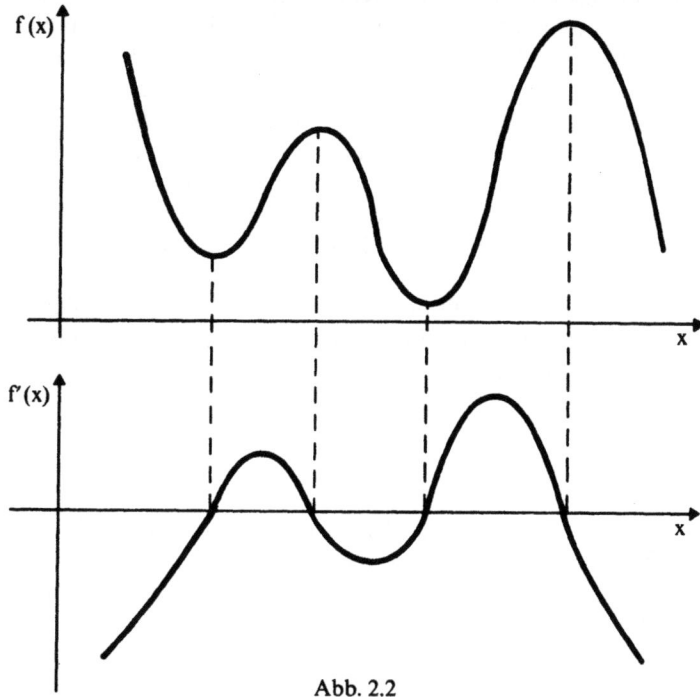

Abb. 2.2

der Eigenschaft $f'(x^*) = 0$ keine Schlußfolgerung auf das Vorliegen eines (globalen) Maximums gezogen werden. Die Klasse der konkaven Funktionen liefert die erforderliche Zusatzinformation.

Satz: *Sei* $f \colon \mathbb{R} \to \mathbb{R}$ *eine konkave Funktion. Falls es ein* $x^* \in \mathbb{R}$ *mit der Eigenschaft* $f'(x^*) = 0$ *gibt, dann ist* x^* *Maximierer von f.*

Beispiel: Sei $q(x) = (36 - 2x)x - (2 + 4x^2)$ die Gewinnfunktion eines Produzenten. Um den maximalen Gewinn zu bestimmen, überprüft man leicht, daß q eine konkave Funktion ist. Als Bedingung $q'(x) = 0$ erhält man
$$q'(x) = 36 - 4x - 8x = 0,$$

was als Lösung x* = 3 ergibt. Als maximalen Gewinn findet man
q(x*) = 142.

2.2 Optimierung mit Nebenbedingungen

Probleme der Optimierung ohne Nebenbedingungen treten in der Wirtschaftstheorie nur relativ selten auf. Die Entscheidungsvariablen wie z.B. Preise, Mengen, Steuersätze usw. sind in der Regel auf bestimmte Wertebereiche eingegrenzt, am häufigsten wohl auf nichtnegative Werte. Damit ist eine Beschränkung der Variablen nach unten vorgegeben. Andererseits ist in vielen Fällen auch eine natürliche Oberschranke aus dem ökonomischen Problem heraus festgelegt. Damit ergibt sich ein Optimierungsproblem, in dem der Definitionsbereich der Zielfunktion ein Intervall ist. Andere Fälle sind denkbar. Sie lassen sich jedoch durch Betrachtung von einzelnen Intervallen und Vergleich der gefundenen Lösungen auf den Intervallfall reduzieren. Es soll deshalb hier angenommen werden, daß der Definitionsbereich D für die Zielfunktion ein abgeschlossenes Intervall $[a, b] \subset \mathbb{R}$ ist, mit der Untergrenze a und der Obergrenze b.

2.2.1 Existenz

Zunächst sei die Frage nach der Existenz einer optimalen Lösung überhaupt, d.h. die Frage nach der Existenz des Maximums und damit mindestens eines Maximierers gestellt. Dazu betrachte man die in Abb. 2.3 dargestellte Funktion. Man sieht sofort, daß a bzw. b keine Maximierer sind. Betrachtet man einen beliebigen Punkt x in der Nähe von c, so sieht man, daß links von c der Funktionswert nach rechts gesteigert werden kann, d.h. jeder Punkt links von c kann nicht Maximierer sein. Jeder Punkt rechts von c kann auch kein Maximierer sein, da der Funktionswert nach links hin erhöht werden kann. Rechts und links von c kann also kein Maximum liegen. c selbst ist auch nicht Maximierer, denn zu c kann man ein x rechts und links davon finden, das einen höheren Funktionswert hat. Diese Funktion besitzt also auf dem Intervall [a, b] kein Maximum. Ausschlaggebend ist offenbar die fehlende Stetigkeit im Punkt c. Das führt zu dem ersten Satz mit hinreichenden Bedingungen für die Existenz des Maximums bzw. Minimums.

Satz: *Sei* f: $[a, b] \to \mathbb{R}$ *stetig. Dann existiert*

$$\text{Max } \{f(x) | x \in [a, b]\}$$

und

$$\text{Min } \{f(x) | x \in [a, b]\}.$$

2.2 Optimierung mit Nebenbedingungen   45

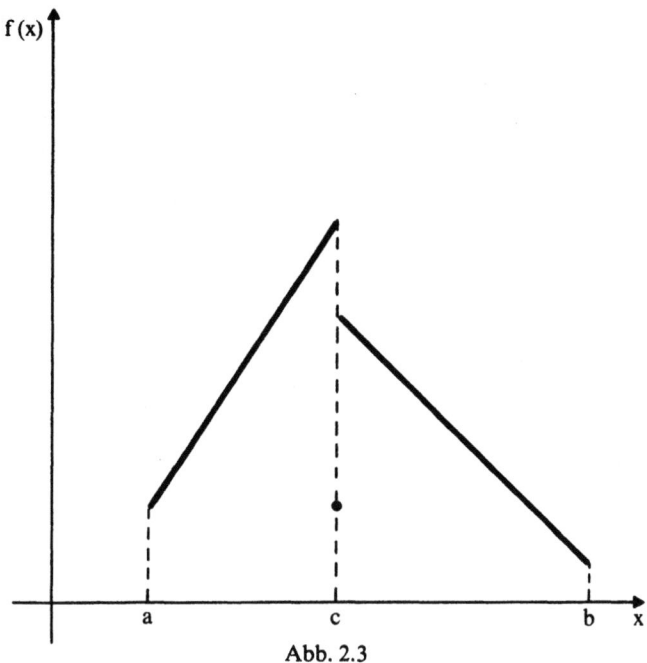

Abb. 2.3

Das heißt: Ist eine Funktion auf einem abgeschlossenen und beschränkten Intervall stetig, so wird das Maximum und das Minimum auf dem Intervall angenommen.

2.2.2 Notwendige Bedingungen

Als nächstes ist zu fragen, ob in ähnlicher Weise notwendige und hinreichende Bedingungen für ein Maximum ermittelt werden können, wie im Fall ohne Nebenbedingungen. Dazu betrachte man Abb. 2.4. In diesem Fall ist das Minimum an der Stelle a,

$$f(a) = \text{Min}\,\{f(x)|x \in [a,b]\},$$

und das Maximum liegt an der Stelle b,

$$f(b) = \text{Max}\,\{f(x)|x \in [a,b]\}.$$

An beiden Stellen ist die im vorherigen Abschnitt bestimmte Regel, die Ableitung muß in einem Maximum bzw. Minimum verschwinden, nicht anwendbar. Es gilt weder $f'(b) = 0$ noch $f'(a) = 0$.

2 Optimierung bei Funktionen einer Veränderlichen

Es stellt sich die Frage, wie das Maximum an der Stelle b charakterisiert werden kann. Offensichtlich geht dies nicht durch eine einfache Bestimmung der Ableitung. Die Funktion f ist stetig auf [a, b], und es soll ab jetzt angenommen werden, daß f zweimal stetig differenzierbar ist. Mit dieser zusätzlichen Annahme ist wiederum eine Anwendung der Differentialrechnung möglich. Bei den Methoden der Optimierung unter Nebenbedingungen handelt es sich um Verfahren, die durch eine Modifizierung der zu maximierenden Funktion versuchen, die Maximierung unter Nebenbedingungen auf eine Maximierung ohne Nebenbedingungen zurückzuführen.

Sei f(x) definiert auf [a, b]. Drei mögliche Fälle können bei der Bestimmung des Maximums auftreten.

Fall 1: x* sei Maximierer und a < x* < b. In diesem Fall ist das Problem äquivalent zum Fall ohne Nebenbedingungen. Dann muß offensichtlich gelten:

$$f'(x^*) = 0.$$

Dies schließt damit einen Funktionsverlauf in der Nähe der Stelle x* aus, wie er in Abb. 2.5 dargestellt ist.

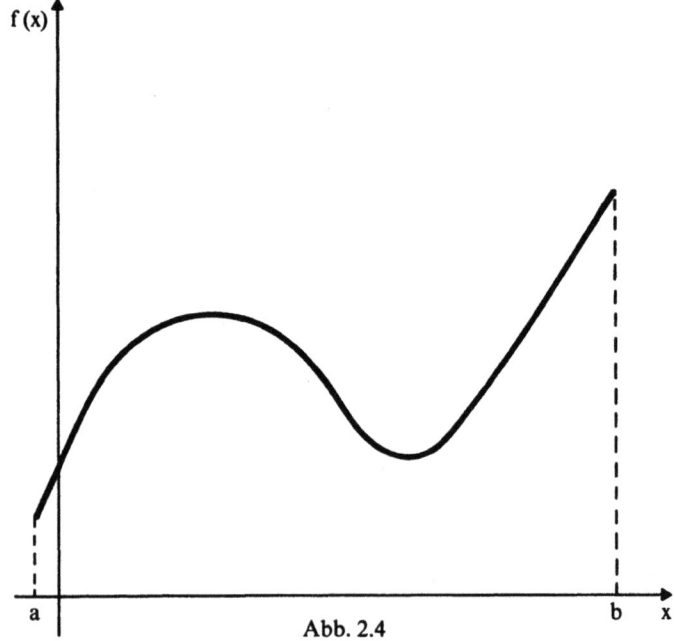

Abb. 2.4

2.2 Optimierung mit Nebenbedingungen

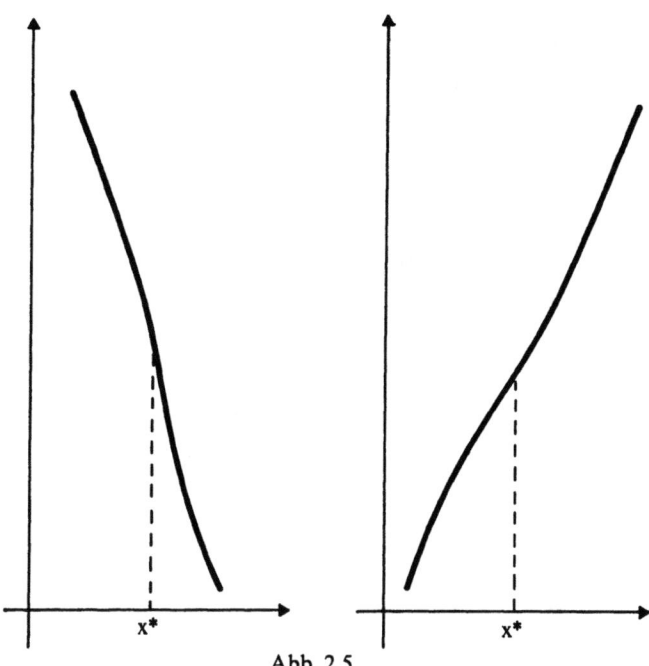

Abb. 2.5

Fall 2: x* sei Maximierer und x* = a. Daraus folgt unmittelbar, daß x* kleiner b und daß $f'(x^*) = f'(a) \leq 0$ ist. Die geometrische Darstellung ist in Abb. 2.6 gegeben. Da das Maximum an der Schranke a liegt, muß die Ableitung an dieser Stelle Null oder negativ sein. Wäre sie positiv, so könnte x* nicht Maximierer sein, da durch eine kleine Veränderung $\varepsilon > 0$ von x auf x + ε der Funktionswert erhöht werden könnte. Der Fall mit einer Ableitung gleich Null ist in Abb. 2.7 dargestellt.

Fall 3: x* sei Maximierer und x* = b. Daraus folgt unmittelbar, daß a < x* und $f'(x^*) = f'(b) \geq 0$. Die geometrische Darstellung liefert Abb. 2.8. Wäre die Steigung an der Stelle b negativ, so könnte durch eine kleine Veränderung $-\varepsilon$ der Funktionswert erhöht werden und damit wäre b kein Maximierer (Abb. 2.9). Es stellt sich die Frage: Gibt es eine Methode festzustellen, ob ein Maximum rechts oder links an der Schranke liegt? Das Verfahren, das dazu entwickelt worden ist, geht auf den Mathematiker Lagrange zurück. Die Hilfsfunktion, die bei solchen Problemen der Optimierung unter Nebenbedingungen verwendet wird, heißt *Lagrangefunktion*.

48   2 Optimierung bei Funktionen einer Veränderlichen

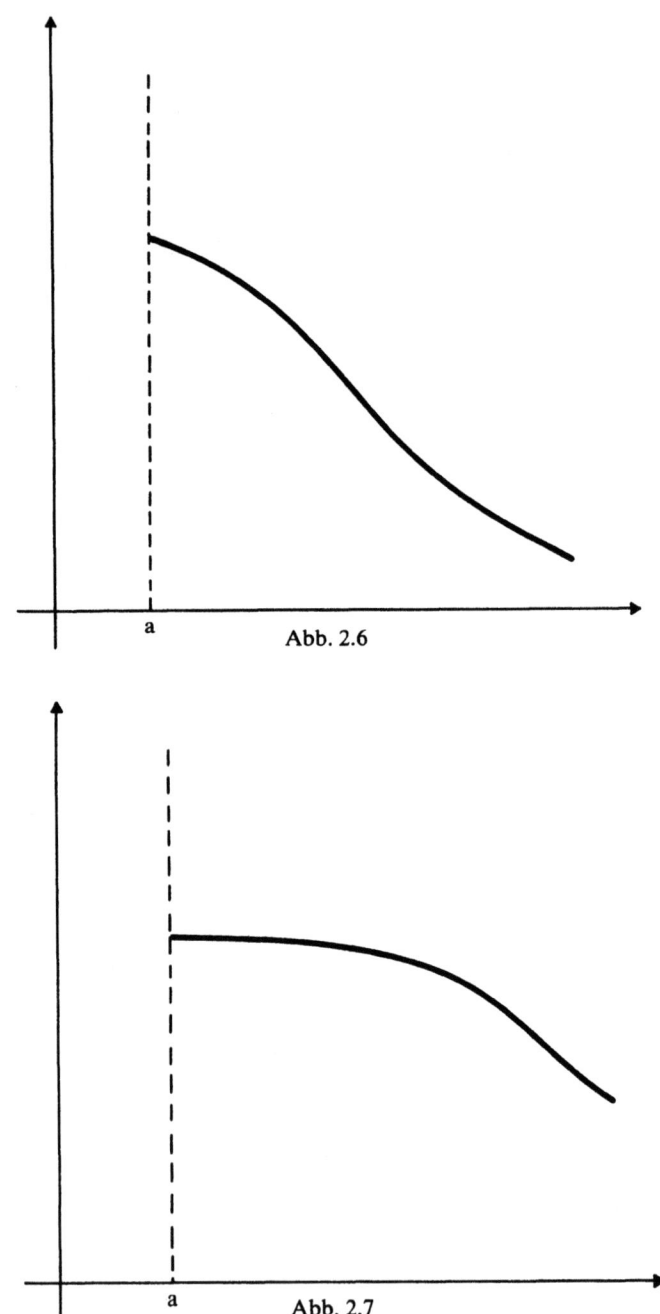

Abb. 2.6

Abb. 2.7

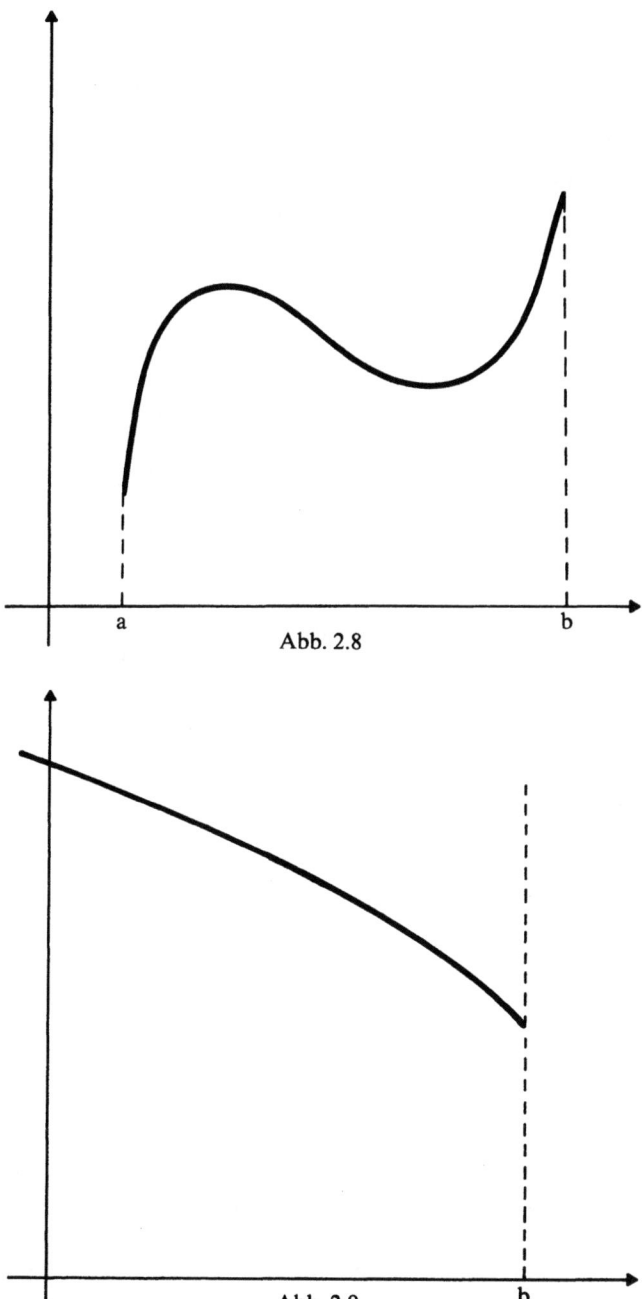

Abb. 2.8

Abb. 2.9

Das Optimierungsproblem lautet:

Max f(x)   unter der Nebenbedingung $a \leq x \leq b$.

Dies ist ein Problem mit zwei Nebenbedingungen. Eine äquivalente Schreibweise lautet:
Max f(x) unter den Nebenbedingungen

(1) $x - a \geq 0$,

(2) $b - x \geq 0$.

Als Konvention sei hier angenommen, daß die Nebenbedingungen stets in der Form größer oder gleich Null geschrieben werden. Für jede Nebenbedingung wird nun eine nicht-negative Hilfsvariable (hier α bzw. β), eine sogenannte *Lagrangevariable*, gewählt. Als *Lagrangefunktion* gilt dann die Funktion

$$L(x, \alpha, \beta) = f(x) + \alpha(x - a) + \beta(b - x).$$

Diese Funktion hat als Argumente die ursprüngliche Variable x sowie α und β. Sie ist definiert als f(x), die eigentliche Zielfunktion, plus die Nebenbedingungen jeweils multipliziert mit den gewählten Lagrangevariablen. Das Verfahren der Optimierung unter Nebenbedingungen beinhaltet, daß die Funktion L behandelt wird, als ob sie unbeschränkt für alle $x \in \mathbb{R}$ definiert ist. Das Verfahren garantiert, daß bei geeigneter Wahl der α und β die Maxima von f unter Nebenbedingungen bestimmt werden können.

Satz (Notwendige Bedingungen für ein Maximum unter Nebenbedingungen): *Sei x* Maximierer von f auf* [a, b]. *Dann existieren* $\alpha^* \geq 0$ *und* $\beta^* \geq 0$, *so daß*

(i) $\frac{\partial L}{\partial x}(x^*, \alpha^*, \beta^*) = 0$,

(ii) $L(x^*, \alpha^*, \beta^*) = f(x^*)$.

Die Bedingung (i) sagt, daß die Ableitung der Lagrangefunktion nach x an der Stelle (x^*, α^*, β^*) verschwindet. Die Bedingung (ii) bedeutet, daß der Wert der Funktion L zugleich Maximum der Funktion f ist.

Die drei oben diskutierten Fälle sollen im folgenden noch einmal betrachtet werden, um zu überprüfen, ob sich die gleichen Bedingungen ergeben.

Fall 1: a < x* < b
Es muß gelten

(i) $\dfrac{\partial L}{\partial x} = f'(x^*) + \alpha^* - \beta^* = 0$,

(ii) $f(x^*) + \alpha^*(x^* - a) + \beta^*(b - x^*) = f(x^*)$.

Da x* zwischen a und b liegt, müssen (x* − a) und (b − x*) positiv sein. Wenn die Gleichheit in (ii) erfüllt ist, folgt daraus, daß $\alpha^*(x^* - a) + \beta^*(b - x^*) = 0$ ist. Da die beiden Klammerausdrücke positiv sind, müssen α^* und β^* gleich Null sein. Aus (i) folgt deshalb $f'(x^*) = 0$.

Fall 2: x* = a, x* < b
Wie sind die Werte von α^* und β^* zu bestimmen?

$$L(x^*, \alpha^*, \beta^*) = f(x^*) + \alpha^*(x^* - a) + \beta^*(b - x^*) = f(x^*)$$

und x* = a ergibt (x* − a) = 0 und (b − x*) = (b − a) > 0. Daraus folgt, daß $\beta^* = 0$ sein muß. Aus (i) folgt $f'(a) = -\alpha^*$. α^* ist nicht negativ. Dies ergibt $f'(a) \leqq 0$.

Fall 3: x* = b, x* > a
Die Bedingung (ii) ergibt

$$\alpha^*(x^* - a) + \beta^*(b - x^*) = 0.$$

Da x* = b vorliegt, folgt

$$\alpha^*(b - a) = 0.$$

Da (b − a) positiv ist, muß $\alpha^* = 0$ sein. Aus der Bedingung (i) folgt damit $f'(b) = \beta^* \geqq 0$.

Als Resultat kann man zusammenfassen:
1. Fall: wenn a < x* < b, dann gilt $\alpha^* = \beta^* = 0$,
2. Fall: wenn a = x* < b, dann gilt $\alpha^* \geqq 0$ und $\beta^* = 0$,
3. Fall: wenn a < x* = b, dann gilt $\alpha^* = 0$ und $\beta^* \geqq 0$.

2.2.3 Interpretation der Lagrangevariablen

Die Einführung der Lagrangevariablen und ihre Verwendung erscheint bis zum jetzigen Punkt der Analyse rein formal. Betrachtet man jedoch die Zusammenfassung etwas genauer, so stellt man fest, daß sie wertmäßig dann eine Rolle spielen (d.h. von Null verschieden sind), wenn eine der Schranken bindend ist. In diesem Fall ist ihr Wert gleich der Ableitung der Funktion an der Schranke, $f'(a) = -\alpha^*$ in Fall 2 und $f'(b) = \beta^*$ in Fall 3. Dies beinhaltet aber nichts anderes als die Tatsache, daß sich der maximale Wert bei Variation der Schranke gerade (marginal) um den Wert der Lagrangevariablen ändert, denn dieser ist gleich der Ableitung an dieser Stelle. Man sieht somit, daß der Wert der Lagrangevariablen im Optimum ein genaues Maß dafür ist, wie sich das Maximum bei einer Veränderung der Schranke ändert.

Die eben getroffenen Aussagen lassen sich mit Hilfe einiger geometrischer Überlegungen überprüfen. Im 1. Fall ist dies leicht zu sehen. Wenn x^* (alleiniger) Maximierer ist, bedeutet eine kleine marginale Änderung der Schranken a und b, daß x^* weiterhin zwischen a und b liegen bleibt. Das Maximum und der Maximierer bleiben unverändert. Die Veränderung der Zielfunktion bei Veränderung von a und b ist gleich Null. Das ist äquivalent dazu, daß $\alpha^* = 0$ und $\beta^* = 0$ ist. Im 2. Fall ist die Schranke b nicht bindend, die dazugehörige Lagrangevariable β^* ist Null. β^* ist ein Maß für die Veränderung des Maximums bezüglich b. Dieses Maß ist Null und damit ist die marginale Veränderung des Maximalwerts der Zielfunktion bezüglich einer Schrankenveränderung gleich Null. Für die Unterschranke im Fall 2 gilt $f(a) = \text{Max} \{f(x) | x \in [a, b]\}$. Aus der Bedingung (i) folgt $f'(a) = -\alpha^*$. Dann ist α^* ein Maß dafür, wie sich das Optimum der Zielfunktion verändert, wenn a variiert.

Zusammenfassend kann man sagen, daß die Lagrangevariablen im Optimum den marginalen Zuwachs des maximalen Wertes der Zielfunktion angeben. Ist eine Lagrangevariable positiv, so ist die zugehörige Schranke bindend, d.h. durch eine kleine Änderung der Schranke kann der Maximalwert erhöht werden.

Beispiel: Gegeben sei die Gewinnfunktion

$$q(x) = px - C(x) \qquad x \geq 0,$$

für die die gewinnmaximale Outputmenge x^* bei gegebenem Preis p des Gutes zu suchen ist. Als Lagrangefunktion erhält man

$$L(x, \alpha) = px - C(x) + \alpha x.$$

Falls x^* Maximierer ist, muß gelten:

$$p - C'(x^*) + \alpha^* = 0 \qquad \alpha^* \geq 0,$$

d.h. der Preis p muß kleiner oder gleich den Grenzkosten im Maximum sein. Ist $x^* > 0$, dann ist $\alpha^* = 0$ und man erhält die Bedingung $p = C'(x^*)$. Ist jedoch $x^* = 0$, dann ist der maximale Gewinn $q(x^*) = -C(0)$ und $q'(0) = p - C'(0) = -\alpha^* \leq 0$. Die Gewinnfunktion ist also eine nichtsteigende Funktion für $x = 0$. Andererseits ist aber die Tatsache, daß $x^* = 0$ Maximierer ist, äquivalent zu der Aussage, daß

$$-C(0) \geq px - C(x) \quad \text{für alle} \quad x > 0$$

gilt. Dies ergibt

$$p \leq \frac{C(x) - C(0)}{x} \quad \text{für alle} \quad x > 0.$$

Da $C(0)$ gerade die Fixkosten sind, ist der Ausdruck auf der rechten Seite die Funktion der variablen Stückkosten. Insbesondere gilt jedoch die Ungleichung für das Minimum der rechten Seite über alle x. Als ökonomische Aussage erhält man deshalb, daß $x^* = 0$ Gewinnmaximierer genau dann ist, falls der Preis kleiner oder gleich dem Minimum der variablen Stückkosten ist. x^* ist demnach positv, falls p größer als das Minimum der variablen Stückkosten ist.

2.2.4 Hinreichende Bedingungen

Wie im vorangegangenen Abschnitt ist auch hier nach notwendigen und hinreichenden Bedingungen für eine Optimallösung zu unterscheiden. Für hinreichende Bedingungen ist die Eigenschaft der Konkavität der zu maximierenden Funktion wesentlich. Dies zeigt der folgende Satz, der wie im vorangegangenen Abschnitt angibt, daß bei konkaven Funktionen lokale Maxima, die nicht gleichzeitig globale Maxima sind, nicht auftreten können.

Satz: *Sei* $f: [a, b] \to \mathbb{R}$ *konkav. Dann besitzt f nur globale Maxima auf* $[a, b]$.

Damit ergeben sich hinreichende Bedingungen in analoger Weise wie im Fall ohne Nebenbedingungen.

Satz (Hinreichende Bedingungen): *Sei* $f: [a, b] \to \mathbb{R}$ *eine konkave Funktion, und sei* $L(x, \alpha, \beta) = f(x) + \alpha(x - a) + \beta(b - x)$ *die zugehörige Lagrangefunktion. Falls für ein Tripel* (x^*, α^*, β^*) *mit* $a \leq x^* \leq b$, $\alpha^* \geq 0$, $\beta^* \geq 0$ *gilt:*

(i) $\dfrac{\partial L}{\partial x}(x^*, \alpha^*, \beta^*) = 0$,

(ii) $\alpha^*(x^* - a) = 0; \quad \beta^*(b - x^*) = 0$,

so ist x^* *Maximierer von f auf* $[a, b]$.

2 Optimierung bei Funktionen einer Veränderlichen

Der Satz macht deutlich, daß die Konkavitätseigenschaft wesentliche Informationen über den globalen Verlauf von f liefert, der durch eine Bestimmung der Nullstelle der Ableitung von L bezüglich x gleichzeitig die Bestimmung eines Maximierers ermöglicht. Damit ergibt sich folgendes schrittweises Verfahren zur Bestimmung einer optimalen Lösung:

1. Schritt: Untersuchung der Zielfunktion f auf Konkavität auf $[a, b]$.

2. Schritt: Ermittlung der Lagrangefunktion.

3. Schritt: Bestimmung der zulässigen Nullstellen der Ableitung der Lagrangefunktion bezüglich der Variablen x für geeignete Werte der Lagrangevariablen.

4. Schritt: Ist f konkav auf $[a, b]$, dann ist jede Nullstelle Maximierer. Ist f nicht konkav, dann sind die Funktionswerte von f an allen Nullstellen aus Schritt 3 zu vergleichen, um einen Maximierer zu ermitteln.

Beispiel: Bestimme das Maximum von

$$f(x) = \tfrac{1}{3}x^3 - 2x^2 + 3x + 1 \quad \text{für} \quad 0 \leqq x \leqq 3.$$

1. Schritt: $f'(x) = x^2 - 4x + 3$
$f''(x) = 2x - 4.$

$f''(x) \leqq 0$ für $0 \leqq x \leqq 2$, aber $f''(x) > 0$ für $2 < x \leqq 3$. f ist nicht konkav.

2. Schritt: $L(x, \alpha, \beta) = \tfrac{1}{3}x^3 - 2x^2 + 3x + 1 + \alpha x + \beta(3 - x).$

3. Schritt: $\dfrac{\partial L}{\partial x} = x^2 - 4x + 3 + \alpha - \beta = (x-3)(x-1) + \alpha - \beta = 0,$

$\alpha x = 0, \quad \beta(3 - x) = 0.$

Die Nullstellen sind:

$$x_1^* = 3 \quad \alpha^* = \beta^* = 0$$
$$x_2^* = 1 \quad \alpha^* = \beta^* = 0.$$

4. Schritt: $f(x_2^*) = f(1) = \tfrac{7}{3} > 1 = f(3) = f(x_1^*).$

Damit ist $x_2^* = 1$ Maximierer. Keine der Schranken ist bindend. Betrachtet man jedoch den Fall $0 \leqq x \leqq 5$, so erhält man als zusätzliche Lösung im 3. Schritt

$$x_3^* = 5 \quad \alpha^* = 0 \quad \beta^* = 8.$$

Daraus folgt $f(x_3^*) = f(5) = \frac{13}{3} > \frac{7}{3}$, so daß $x_3^* = 5$ der Maximierer ist. Darüber hinaus stellt man fest, daß die obere Schranke bindend ist, da $\beta^* = 8$. Somit würde eine marginale Erhöhung der oberen Schranke den maximalen Wert mit der Rate $\beta^* = f'(5) = 8$ ansteigen lassen.

Übungsaufgaben

2.1 Bestimmen Sie Minima und Maxima folgender Funktionen:
   a) $y = x^3 - 12x + 12$.
   b) $y = \frac{x^3}{3} - \frac{x^2}{2} - 6x$.
   c) $y = \frac{x}{\sqrt{x^2 + 7}}$.
   d) $y = x^2 - 4x + 3$.
   e) $y = \frac{x^2}{\sqrt{x^2 - 8}}$.
   f) $y = \frac{x + 3}{x^2}$.

2.2 Welches Problem ergibt sich bei der Gewinnmaximierung eines Monopolisten bei folgender Konstellation?
$$p = g(x) = \frac{a}{x}; \quad a > 0$$
$$C(x) = bx + c; \quad b, c > 0.$$

2.3 Bestimmen Sie Maximum und Minimum der Funktion
$y = x^2 - 2x$ für $2 \leq x \leq 4$.

2.4 Gegeben sei die Kostenfunktion $y = 2x - 2x^2 + x^3$. Angenommen die Marktbeschränkungen veranlassen den Produzenten zwischen 3 und 10 Einheiten des Gutes herzustellen. Für welche Menge in diesem Intervall bilden die Durchschnittskosten ein Minimum?

2.5 Sei $f: \mathbb{R} \to \mathbb{R}$ mit $f(x) = -\frac{1}{3}x^3 + \frac{3}{2}x^2 - 2x + 1$.
   a) Bestimmen Sie das Maximum im Wertebereich $x \in [a, b]$ für $a = -3$, $b = 3$.
   b) Wie verändert sich das Maximum bei einer infinitesimalen Änderung der Schranken des Intervalls?
   c) Wie hoch ist das Maximum für das Intervall $[\frac{2}{3}, \frac{7}{3}]$?

2 Optimierung bei Funktionen einer Veränderlichen

2.6 Die Preis-Absatz-Funktion eines Unternehmens sei gegeben durch
p = Max {0, Min {− x + 100, − $\frac{1}{4}$x + 50}} für x ≥ 0. Die Kostenfunktion sei K = $\frac{1}{4}$x^2.
 a) Bestimmen Sie die Erlösfunktion und die Gewinnfunktion.
 b) Untersuchen Sie alle vier Funktionen auf Stetigkeit und bestimmen Sie die Bereiche von Konkavität und Konvexität.
 c) Bestimmen Sie die gewinnmaximale Ausbringungsmenge.

2.7 Ein Monopolist mit der Kostenfunktion C(y) = y^2 + 3 sieht sich der linearen Preis-Absatz-Funktion

$$p = \text{Max}\{20 - y, 0\}$$

gegenüber. Vergleichen Sie Preise, Mengen und Gewinn der Lösungen, falls der Monopolist
 a) seinen Gewinn maximiert,
 b) seinen Umsatz maximiert,
 c) Zuschlagskalkulation mit einem Zuschlagssatz von 200% betreibt.

2.8 Autoren von wirtschaftswissenschaftlichen Lehrbüchern erhalten in der Regel einen festen Prozentsatz vom Verkaufserlös ihres Buches als Honorar vom Verlag.
 Zeigen Sie, daß bei linearer Preisabsatzfunktion für das betreffende Werk und Gewinnmaximierung des Verlags, dieser stets eine geringere Auflage zu höherem Preis verkaufen möchte als der Autor, falls dieser Honorarmaximierung anstrebt.

Literaturhinweise

Allen, R. G. D. (1972). *Mathematik für Volks- und Betriebswirte*. (1. Aufl. 1956), Duncker & Humblot, Berlin.

Erwe, F. (1973). *Differential- und Integralrechnung. Bd. 1: Elemente der Infinitesimalrechnung und Differentialrechnung*. Bibliographisches Institut, Mannheim u. a.

Kapitel 3. Lineare Algebra

Nahezu alle ökonomischen Probleme befassen sich mit mehr als einer einzigen ökonomischen Variablen. Selbst für eine aggregierte Volkswirtschaft werden zumeist mehrere relevante Größen betrachtet, so z. B. das Volkseinkommen, die Investition, das Steueraufkommen usw. Bei Betrachtung mehrerer Gütermärkte sind die jeweiligen Marktpreise und die jeweiligen Marktumsätze verschiedene Variable. Formal mathematisch werden solche Probleme üblicherweise mit Hilfe der Vektorrechnung behandelt. Diese hat darüber hinaus im zwei- und dreidimensionalen Fall ein anschauliches geometrisches Pendant, das hilfreich eingesetzt werden kann.

3.1 Vektoren

Eine geordnete Liste von n reellen Zahlen $(x_1, x_2, \ldots, x_n)$ nennt man einen n-dimensionalen *Vektor*. Dabei ist n eine beliebige natürliche Zahl. Ein Vektor, dessen Komponenten als Zeile geschrieben werden, heißt *Zeilenvektor*, ein Vektor, dessen Komponenten in einer Spalte übereinander angeordnet sind, heißt *Spaltenvektor*. Zur Unterscheidung von Vektoren von den zugehörigen Komponenten, die jeweils reelle Zahlen sind, werden im weiteren Vektoren mit fettgedruckten Buchstaben **x**, **a**, **b** usw. und ihre jeweiligen Komponenten mit einfachen Buchstaben gekennzeichnet, d.h.

$$\mathbf{x} = (x_1, \ldots, x_n),$$
$$\mathbf{a} = (a_1, \ldots, a_k),$$
$$\mathbf{b} = (b_1, \ldots, b_m).$$

Mit Hilfe der Geometrie lassen sich Vektoren im Fall von n = 1, 2, 3 anschaulich darstellen. Aus Kapitel 1 weiß man, daß jede Zahl $x \in \mathbb{R}$ als Punkt auf der reellen Zahlengeraden dargestellt werden kann. Ein Paar reeller Zahlen (x, y), wobei also $x \in \mathbb{R}$ und $y \in \mathbb{R}$, kann als Punkt in einer

58   3 Lineare Algebra

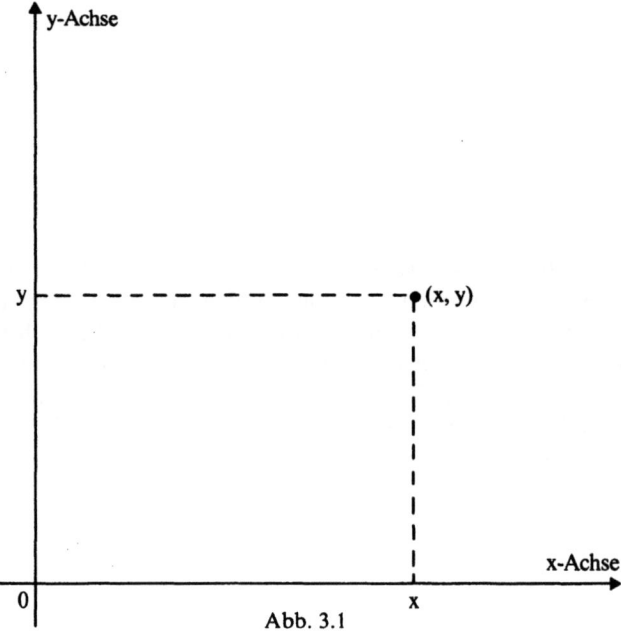

Abb. 3.1

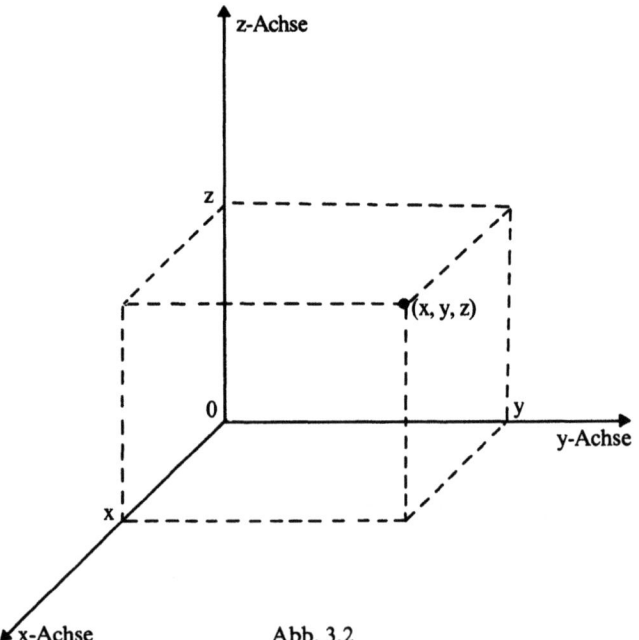

Abb. 3.2

Ebene dargestellt werden, in der zwei reelle Zahlengeraden ein rechtwinkliges Koordinatensystem bilden (Abb. 3.1). Für ein Tripel von Zahlen (x, y, z) ergibt sich als Darstellung Abb. 3.2. Die geometrische Darstellung in einem rechtwinkligen Koordinatensystem entspricht der Aussage, daß der *Vektor* (x, y, z) ein Element des sogenannten kartesischen Produkts $\mathbb{R} \times \mathbb{R} \times \mathbb{R}$ ist. Zur Vereinfachung schreibt man $\mathbb{R} \times \mathbb{R} = \mathbb{R}^2$ bzw. $\mathbb{R} \times \mathbb{R} \times \mathbb{R} = \mathbb{R}^3$ und damit für die beiden in Abb. 3.1 und 3.2 dargestellten Beispiele $(x, y) \in \mathbb{R}^2$ bzw. $(x, y, z) \in \mathbb{R}^3$. Diese mathematische Konvention führt in direkter Weise zu einer Verallgemeinerung für beliebige n-Tupel von Zahlen $(x_1, x_2, \ldots, x_n)$.

Ein n-dimensionaler Vektor $x = (x_1, \ldots, x_n)$ ist damit ein Element des zugehörigen n-fachen kartesischen Produkts von $\mathbb{R}$, $x \in \mathbb{R}^n$.

Für n > 3 ist offensichtlich keine direkte geometrische Darstellung mehr möglich.

3.1.1 Vektoroperationen

Auf Vektoren gleicher Dimension lassen sich die elementaren Rechenarten der Addition und Subtraktion sowie die Multiplikation mit reellen Zahlen anwenden. Als Summe $x + y$ zweier Vektoren bzw. als Differenz $x - y$ zweier Vektoren definiert man denjenigen Vektor, den man erhält, indem man komponentenweise die übliche Addition bzw. Subtraktion durchführt. Sei $x = (x_1, \ldots, x_n)$ und $y = (y_1, \ldots, y_n)$. Dann ist

$$x + y = (x_1 + y_1, x_2 + y_2, \ldots, x_n + y_n)$$

und

$$x - y = (x_1 - y_1, x_2 - y_2, \ldots, x_n - y_n).$$

Natürlich kann man gemäß dieser Vorschrift auch Summen und Differenzen mehrerer Vektoren bilden. Entscheidend ist dabei, daß durch diese Operationen wiederum Vektoren der gleichen Dimension entstehen.

Die Multiplikation eines Vektors x mit einer reellen Zahl α ist definiert als

$$\alpha x = (\alpha x_1, \alpha x_2, \ldots, \alpha x_n),$$

d.h. jede Komponente des Vektors x wird mit der Zahl α multipliziert. Falls $\alpha = 0$, so ergibt die Multiplikation αx für jedeben beliebigen Vektor x offensichtlich einen Vektor, dessen Komponenten alle Null sind, d.h. $0 x = (0, 0, \ldots, 0)$. Diesen Vektor bezeichnet man als *Nullvektor* o, und er entspricht in der geometrischen Darstellung für n = 2 bzw. n = 3 offensichtlich dem Koordinatenursprung. Multipliziert man einen Vektor x mit der Zahl -1, so erhält man einen Vektor, dessen Komponenten die gleichen Absolutbeträge aber entgegengesetzte Vorzeichen haben, so daß man vereinfacht $-1\,\mathbf{x} = -\mathbf{x}$ schreiben kann.

Die eingeführten Operationen der Addition von Vektoren und der Multiplikation eines Vektors mit einer reellen Zahl definieren für jede beliebige Dimension ein System von Operationen, die immer wieder in eindeutiger Weise zu Vektoren derselben Dimension führen. Dieses System genügt den in dem folgenden Satz aufgeführten Rechenregeln, die man sich leicht durch einfaches Nachrechnen an einigen Beispielen klarmachen kann.

Satz: *Seien* $\mathbf{x}, \mathbf{y}, \mathbf{z}$ *beliebige Vektoren des* $\mathbb{R}^n$ *und* α *und* β *beliebige reelle Zahlen. Dann gilt:*

(i) $(\mathbf{x} + \mathbf{y}) + \mathbf{z} = \mathbf{x} + (\mathbf{y} + \mathbf{z})$,
(ii) $\mathbf{x} + \mathbf{y} = \mathbf{y} + \mathbf{x}$.
(iii) $\alpha(\mathbf{x} + \mathbf{y}) = \alpha\mathbf{x} + \alpha\mathbf{y}$,
(iv) $(\alpha + \beta)\mathbf{x} = \alpha\mathbf{x} + \beta\mathbf{x}$,
(v) $(\alpha\beta)\mathbf{x} = \alpha(\beta\mathbf{x})$,
(vi) *Sei* $\mathbf{o} = (0, \ldots, 0) \in \mathbb{R}^n$ *der Vektor, dessen sämtliche Komponenten Null sind. Dann gilt:*
$$\mathbf{x} + \mathbf{o} = \mathbf{x},$$
(vii) *Sei der Vektor* $-\mathbf{x}$ *definiert durch* $-\mathbf{x} = (-1)\mathbf{x}$. *Dann gilt*
$$\mathbf{x} + (-\mathbf{x}) = \mathbf{o}.$$

Jedes System von Vektoren, das diesen Bedingungen genügt, bezeichnet man als *Vektorraum*.

Addition und Multiplikation mit einer reellen Zahl lassen sich im zwei- und dreidimensionalen Fall geometrisch sehr gut veranschaulichen. In Abb. 3.3 ist für die Vektoren $\mathbf{x} = (-1, 3)$ und $\mathbf{y} = (3, 2)$ die Addition $\mathbf{x} + \mathbf{y} = (-1 + 3, 3 + 2) = (2, 5)$ ausgeführt. Faßt man einen Vektor als gerichtete Strecke vom Koordinatenursprung auf, so erkennt man, daß die Addition $\mathbf{x} + \mathbf{y}$ als Vektor der vom Ursprung aus gerichteten Strecke entspricht, die gleich der Diagonalen des durch $\mathbf{x}$ und $\mathbf{y}$ erzeugten Parallelogramms ist. Der zum Vektor $\mathbf{y}$ gehörige Vektor $-\mathbf{y}$ ist offensichtlich darstellbar als die der gerichteten Strecke von $\mathbf{y}$ entgegengesetzt gerichtete Strecke (Abb. 3.4).

Gelegentlich ist es erforderlich, Vektoren nach ihrer Größe zu vergleichen. Es ist intuitiv einleuchtend, daß ein Vektor $\mathbf{x} \in \mathbb{R}^n$, dessen sämtliche Komponenten größer oder nicht kleiner sind als diejenigen eines Vektors $\mathbf{y} \in \mathbb{R}^n$, als „größer oder gleich" als der Vektor $\mathbf{y}$ bezeich-

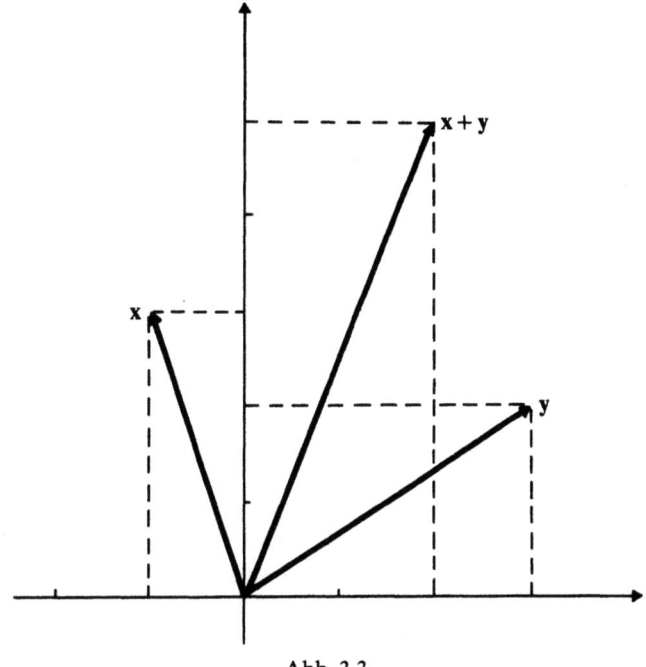

Abb. 3.3

net wird. Dies ist aber äquivalent zu der Aussage, daß

$$x_i \geqq y_i \quad \text{für alle} \quad i = 1, \ldots, n,$$

bzw.

$$x_i - y_i \geqq 0 \quad \text{für alle} \quad i = 1, \ldots, n.$$

Als Schreibweise verwendet man für den Vergleich zweier Vektoren das gleiche Ungleichheitszeichen $\geqq$ wie für reelle Zahlen mit der Konvention, daß die Ungleichheit komponentenweise gilt.

Definition: *Seien* **x**, **y** *Vektoren des* $\mathbb{R}^n$. *Dann heißt* **x** *„größer oder gleich"* **y**, *geschrieben*

$$\mathbf{x} \geqq \mathbf{y},$$

genau dann, wenn

$$x_i \geqq y_i \quad \textit{für alle} \quad i = 1, \ldots, n$$

oder in äquivalenter Schreibweise, wenn

$$\mathbf{x} - \mathbf{y} \geqq \mathbf{o},$$

d.h.
$$x_i - y_i \geqq 0 \quad \textit{für alle} \quad i = 1, \ldots, n.$$

Beispiel: Gegeben sei eine Tauschökonomie mit zwei Konsumenten i und j, die untereinander die beiden Güter 1 und 2 tauschen. Jeder Konsument besitze eine Anfangsausstattung ω^i bzw. ω^j aus $\mathbb{R}^2_+$. Die Gesamtausstattung der Ökonomie ist dann $\omega = \omega^i + \omega^j$, d.h. gerade die Summe der beiden Vektoren (s. Abb. 3.5). Betrachtet man die Ergebnisse möglicher Tauschoperationen zwischen i und j, so bedeutet die Tatsache, daß insgesamt nur ω zur Verfügung steht, daß jede andere Güteraufteilung x^i bzw. x^j den Gesamtgüterbestand ω ausschöpfen muß, d.h. $x^i + x^j = \omega$. Die Menge der möglichen Umverteilungen ist damit die Menge der Vektoren x^i und x^j, deren Summe gerade ω ergibt. In Abb. 3.5 sind zwei solche Vektoren eingezeichnet. Offensichtlich muß stets die Gleichung $x^i = \omega - x^j$ gelten. Beschränkt man die Menge der möglichen Umverteilungen z.B. durch die Tatsache, daß jeder Konsument nur nichtnegative Mengen der beiden Güter konsumieren kann, so muß $x^i \in \mathbb{R}^2_+$ und $x^j = \omega - x^i \in \mathbb{R}^2_+$ gelten. Dies ist äquivalent zu der Aussage $x^i \geqq o$ und $x^j \geqq o$. Aus der Summenbeschränkung $x^i + x^j = \omega$ folgt deshalb $x^i \leqq \omega$ und $x^j \leqq \omega$. In Abb. 3.5 erkennt man, daß die

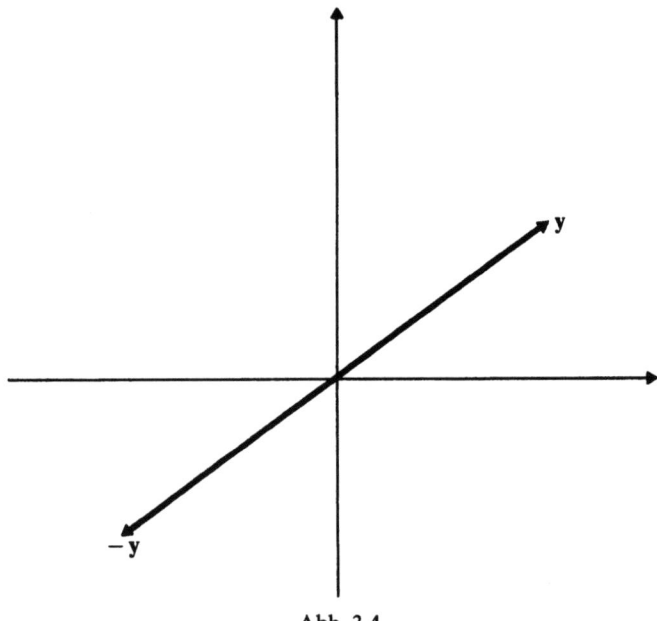

Abb. 3.4

Menge der möglichen Umverteilung gerade durch das Rechteck $[(0, 0), (\omega_1, 0), (\omega_1, \omega_2), (0, \omega_2)]$, die sogenannte Edgeworth-Box dargestellt ist.

Beispiel: Gegeben sei eine Produktionstechnologie, charakterisiert durch zwei Produktionsprozesse, mit deren Hilfe zwei Güter unter Verwendung eines beschränkt verfügbaren Faktors (z.B. Arbeit) hergestellt werden kann. Produktionsprozeß 1 transformiert Arbeit in Gut 1 im Verhältnis 3:1 und Produktionsprozeß 2 transformiert Arbeit in Gut 2 im Verhältnis 2:1. Welche Güterkombinationen von Gut 1 und Gut 2 können mit Hilfe von 6 Einheiten Arbeit produziert werden?

Sei $\alpha \geqq 0$ die Intensität, mit der Prozeß 1 betrieben wird und $\beta \geqq 0$ die Intensität, mit der Prozeß 2 betrieben wird. Jeder Output-Vektor $\mathbf{y} \in \mathbb{R}^2_+$ kann dann als

$$\mathbf{y} = \begin{pmatrix} y_1 \\ y_2 \end{pmatrix} = \alpha \begin{pmatrix} 1 \\ 0 \end{pmatrix} + \beta \begin{pmatrix} 0 \\ 1 \end{pmatrix}$$

geschrieben werden. Da nur 6 Einheiten Arbeit zur Verfügung stehen, unterliegen α und β der Beschränkung

$$3\alpha + 2\beta = 6,$$

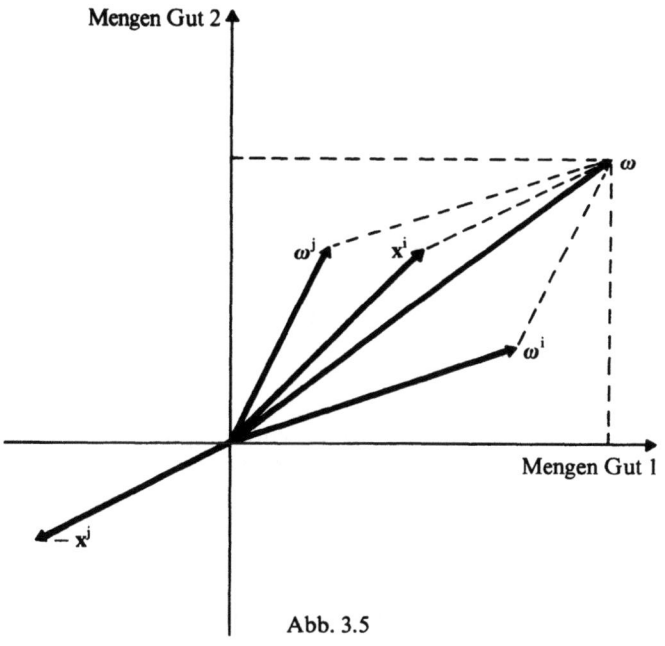

Abb. 3.5

bzw.
$$\beta = 3 - \tfrac{3}{2}\alpha.$$
Dies ergibt für **y**
$$\mathbf{y} = \alpha \begin{pmatrix} 1 \\ 0 \end{pmatrix} + (3 - \tfrac{3}{2}\alpha) \begin{pmatrix} 0 \\ 1 \end{pmatrix}$$
$$= \begin{pmatrix} 0 \\ 3 \end{pmatrix} + \alpha \begin{pmatrix} 1 \\ -\tfrac{3}{2} \end{pmatrix} \quad 0 \leqq \alpha \leqq 2.$$

Die Gleichung gibt die Menge der möglichen Produktionsvektoren als Summe zweier Vektoren an. In Abb. 3.6 ist diese durch die Verbindungslinie [(2, 0), (0, 3)] dargestellt.

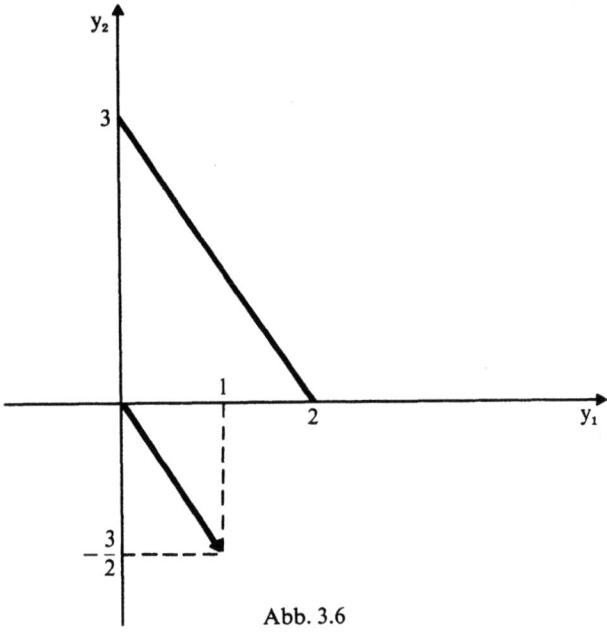

Abb. 3.6

3.1.2 Das Skalarprodukt

Bei der Definition von Operationen im vorangegangenen Abschnitt war eine Multiplikation zweier Vektoren miteinander nicht eingeführt worden. Ohnehin ist eine unmittelbare, eindeutige Übertragung der Multiplikation aus dem eindimensionalen Fall nicht abzuleiten, da man sich unterschiedliche Definitionen vorstellen kann. Eine, die sich als äußerst zweckmäßig und sinnvoll herausgestellt hat, ist das sogenannte *Skalarprodukt* zweier Vektoren **x** und **y**, das durch **x** · **y** gekennzeichnet wird.

Definition: *Seien* x *und* y *Vektoren des euklidischen Raums* $\mathbb{R}^n$. *Dann heißt der Ausdruck*

$$x_1 y_1 + \cdots + x_n y_n$$

das Skalarprodukt von x *und* y *und wird mit* x · y *bezeichnet.*

Das Skalarprodukt x · y ist also die Summe komponentenweiser Produkte der beiden Vektoren, d.h.

$$\mathbf{x} \cdot \mathbf{y} = \sum_{i=1}^{n} x_i y_i.$$

Somit ist das Skalarprodukt zweier Vektoren stets eine Zahl und kein Vektor. Für das Rechnen mit Skalarprodukten gelten die im folgenden Satz angegebenen Regeln.

Satz: *Seien* x, y, z *Vektoren des* $\mathbb{R}^n$ *und* $\alpha \in \mathbb{R}$. *Dann gilt*

(i) x · y = y · x,
(ii) x · (y + z) = x · y + x · z = (y + z) · x,
(iii) (α x) · y = α (x · y) = x · (α y),
(iv) x · x > 0 *genau dann, wenn* x $\neq$ o.

Das Skalarprodukt zweier Vektoren tritt in ökonomischen Anwendungen sehr häufig auf, insbesondere immer dann, wenn aus Gütermengen und den zugehörigen Preisen eine entsprechende Wertgröße (eine Zahl) bestimmt werden soll. Wenn zum Beispiel $\mathbf{x} = (x_1, \ldots, x_n)$ der Vektor der verkauften Gütermengen eines Unternehmens und $\mathbf{p} = (p_1, \ldots, p_n)$ die jeweiligen am Markt erzielten Preise sind, dann ist $\mathbf{p} \cdot \mathbf{x} = \sum_{i=1}^{n} p_i x_i$ gerade der Umsatz des Unternehmens. In ganz analoger Weise lassen sich Kosten und Gewinn eines Unternehmens als Skalarprodukte darstellen.

Aus einfachen Beispielen erkennt man leicht, daß Skalarprodukte positiv, Null oder negativ sein können. So ist zum Beispiel für $\mathbf{x} = (1, -5, 3)$ und $\mathbf{y} = (0, -2, 2)$ das Skalarprodukt

$$\mathbf{x} \cdot \mathbf{y} = (1, -5, 3) \cdot (0, -2, 2) = +10 + 6 = 16,$$

während sich für $\mathbf{z} = (7, -1, -4)$ als Skalarprodukt

$$\mathbf{x} \cdot \mathbf{z} = (1, -5, 3) \cdot (7, -1, -4) = 7 + 5 - 12 = 0 \quad \text{und}$$
$$\mathbf{y} \cdot \mathbf{z} = (0, -2, 2) \cdot (7, -1, -4) = 0 + 2 - 8 = -6 \quad \text{ergibt.}$$

66   3 Lineare Algebra

Der Fall, in dem das Skalarprodukt zweier Vektoren gerade Null ist, spielt eine besondere Rolle, die, wie weiter unten gezeigt werden wird, auch geometrisch interpretierbar ist.

Definition: *Zwei Vektoren* x *und* y *aus* $\mathbb{R}^n$ *heißen orthogonal, wenn ihr Skalarprodukt gleich Null ist, d.h., wenn* x · y = 0.

Orthogonalität gilt zum Beispiel für jedes beliebige Paar von zwei verschiedenen Einheitsvektoren. Diese sind folgendermaßen definiert. Für jedes $i \in \{1, 2, \ldots, n\}$ bezeichne $e^i \in \mathbb{R}^n$ denjenigen Vektor, dessen i-te Komponente gleich eins ist und dessen sämtliche anderen Komponenten gleich Null sind. Dann heißt e^i i-ter Einheitsvektor des $\mathbb{R}^n$. Man sieht sofort, daß zwei beliebige Einheitsvektoren orthogonal zueinander sind, d.h. $e^i \cdot e^j = 0$ für $i \neq j$. In Abb. 3.7 sind für n = 3 die drei Einheitsvektoren abgetragen. Aus der geometrischen Darstellung erkennt man, daß die Einheitsvektoren jeweils senkrecht aufeinanderstehen. Mit Resultaten der Trigonometrie kann man zeigen, daß das Skalarprodukt zweier von Null verschiedener Vektoren im $\mathbb{R}^2$ genau dann gleich Null ist, wenn die Vektoren senkrecht aufeinanderstehen. Entsprechend sagt

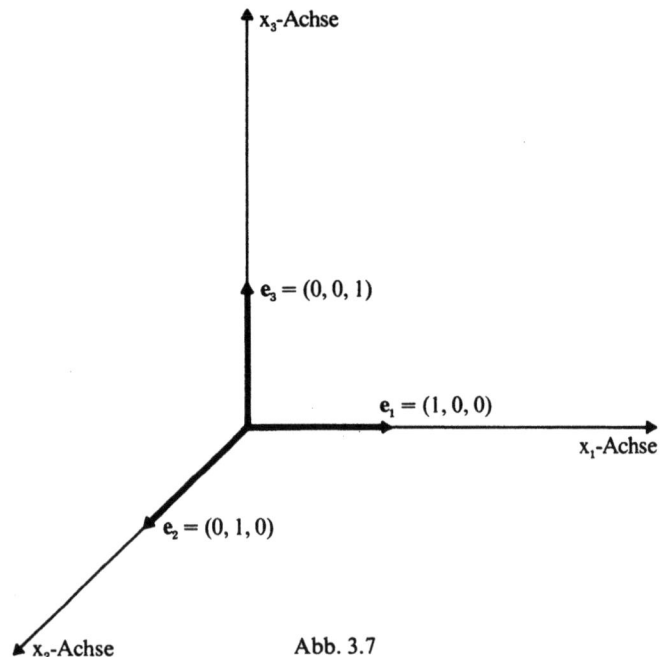

Abb. 3.7

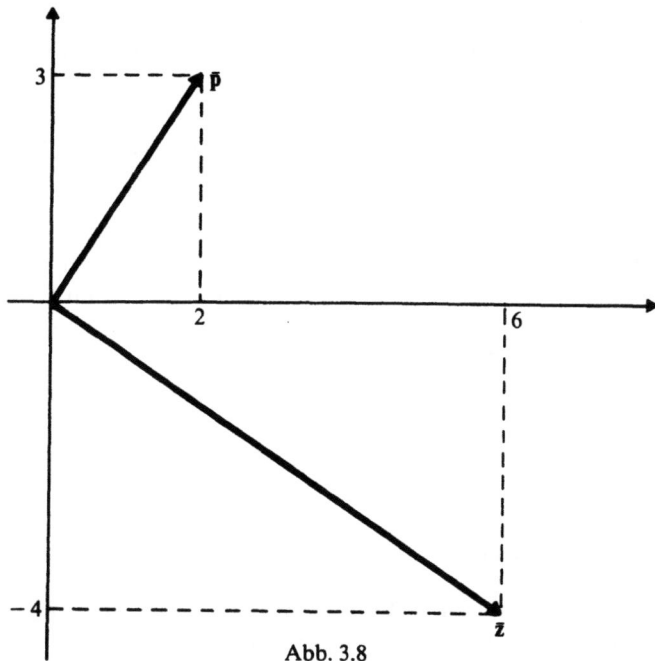

Abb. 3.8

man, auch im Falle n $\geqq$ 3, daß zwei Vektoren des $\mathbb{R}^n$ aufeinander senkrecht stehen, wenn sie orthogonal zueinander sind.

Beispiel: Gegeben sei ein Haushalt mit einer Anfangsausstattung an Gütern $\omega \in \mathbb{R}^n_+$. Für einen gegebenen Preisvektor $p \in \mathbb{R}^n_+$ stellt $p \cdot \omega$ das Gesamtvermögen des Haushalts dar. Falls jeder Konsumplan $x \in \mathbb{R}^n_+$ das Gesamtvermögen des Haushalts gerade ausschöpft, dann gilt offenbar

$$p \cdot x = p \cdot \omega.$$

Den Vektor $z = x - \omega$ bezeichnet man als den Vektor der Überschußnachfrage. Aus der Budgetbeschränkung folgt, daß für jeden Überschußnachfragevektor, der die Budgetbedingung erfüllt, gelten muß

$$p \cdot z = 0,$$

d.h. z ist ein zu p orthogonaler Vektor. Abbildung 3.8 gibt eine Darstellung für $p = (2, 3)$ und $z = (6, -4)$.

Neben der Orthogonalität zweier Vektoren x und y ist es gelegentlich zweckmäßig, die Gleichheit der Richtung eines Vektors mit der eines anderen zu ermitteln.

Definition: *Zwei Vektoren* x *und* y *aus* $\mathbb{R}^n$, *die beide von* o *verschieden sind, haben die gleiche Richtung, falls eine positive Zahl* c > 0 *existiert, so daß*
$$x = c\, y.$$
Sie haben die entgegengesetzte Richtung, falls eine negative Zahl c < 0 *existiert, so daß*
$$x = c\, y.$$

Anschaulich macht man sich leicht klar, daß diese Definitionen genau den geometrischen Vorstellungen in der Ebene und im $\mathbb{R}^3$ entsprechen. Für die Verallgemeinerung im $\mathbb{R}^n$ erweist sich diese Definition ebenfalls als zweckmäßig. Man erkennt, daß alle Vektoren, die die gleiche Richtung wie ein vorgegebener Vektor x haben, von der Form $\alpha\, x$ sein müssen, wobei $\alpha > 0$ gilt. Alle zu x entgegengesetzt gerichteten Vektoren sind von der gleichen Form, jedoch mit $\alpha < 0$.

3.1.3 Die Vektornorm

Zwei weitere Begriffe der Vektorrechnung erweisen sich für das Verständnis mehrdimensionaler Probleme als wichtig. Beide haben wiederum eine bekannte und anschauliche geometrische Interpretation aus der Trigonometrie. Der eine beschreibt das Konzept der Länge eines Vektors, der andere das des Abstands zweier Vektoren.

Definition: *Die (euklidische) Norm (oder die Länge) eines Vektors* $x \in \mathbb{R}^n$, *geschrieben als* $\|x\|$, *ist die positive Wurzel aus dem Skalarprodukt des Vektors mit sich selbst, d.h.*
$$\|x\| = +\sqrt[2]{x \cdot x}.$$

In Summenschreibweise ist also
$$\|x\| = +\sqrt[2]{\sum_{i=1}^{n} x_i^2}.$$

Für $n = 2$ sieht man sofort, daß diese Definition mit dem intuitiven Begriff der Länge entsprechend dem Satz von Pythagoras übereinstimmt (Abb. 3.9). Auch auf den Fall für $n = 3$ läßt sich diese geometrische Vorstellung noch übertragen. Man sieht aus der Definition der Norm, daß diese für alle $x \in \mathbb{R}^n$ wohldefiniert ist, da unter der Wurzel nie negative Glieder auftreten können. Man verwendet stets die positive Wurzel, so daß die Norm immer eine nichtnegative Zahl ist.

Der Begriff der Norm eines Vektors ist eine Verallgemeinerung desjenigen des Absolutbetrages einer reellen Zahl. Für den Fall n = 1 sieht man die Übereinstimmung leicht. Für das Rechnen mit der Vektornorm gelten entsprechende Regeln wie für den Absolutbetrag, die im folgenden Satz zusammengefaßt sind. Selbstverständlich bedürfen alle diese Aussagen eines mathematischen Beweises, der jedoch hier nicht geführt werden soll. Anschaulich sind zwar alle Aussagen für n = 2 klar, jedoch für n $\geq$ 3 ist ihre Gültigkeit in keiner Weise offensichtlich.

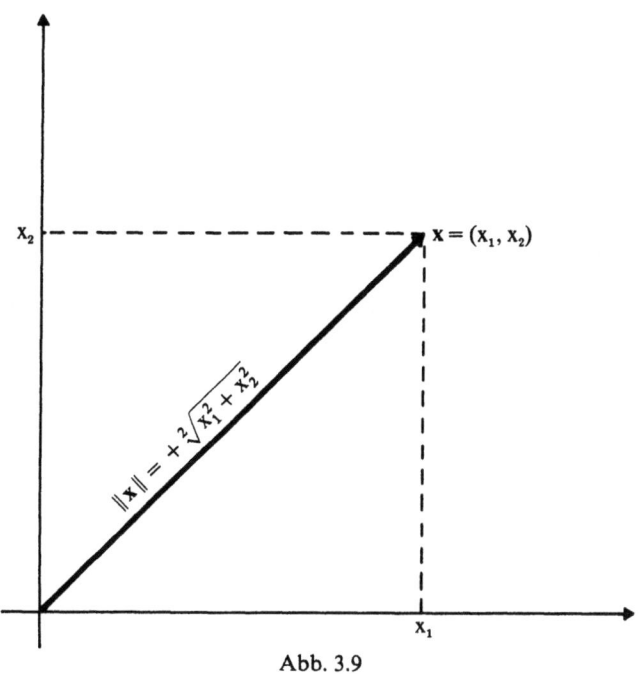

Abb. 3.9

Satz: *Seien* x *und* y *beliebige Vektoren des* $\mathbb{R}^n$ *und* α *eine beliebige reelle Zahl. Dann gilt:*

(i) $\|x\| = 0$ *genau dann, wenn* $x = o$,
(ii) $\|\alpha x\| = |\alpha| \|x\|$,
(iii) $\|x + y\| \leq \|x\| + \|y\|$ (*Dreiecksungleichung*).

Man sieht anhand der Aussage (ii), daß die Vektoren x und $-$ x die gleiche Norm (Länge) haben. Zur Veranschaulichung von (iii) betrachte man Abb. 3.10.

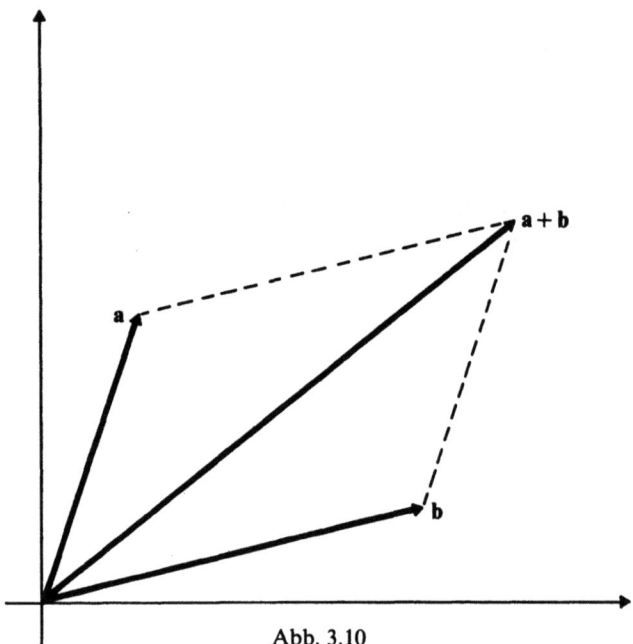

Abb. 3.10

Da die sich gegenüberliegenden Seiten des aus **a** und **b** entstehenden Parallelogramms gleich lang sind, sieht man, daß die Dreiecksungleichung im Fall n = 2 besagt, daß die Länge einer Seite eines Dreiecks (hier $\|\mathbf{a} + \mathbf{b}\|$) stets kleiner oder höchstens gleich der Summe der Längen der beiden anderen Seiten ist.

Mit Hilfe der Definition der Norm läßt sich nun das Konzept des Abstands zweier Punkte im $\mathbb{R}^n$ präzisieren. Intuitiv würde man fordern, daß ein Vektor **x**, aufgefaßt als Punkt im $\mathbb{R}^n$, nahe bei einem Vektor **y** liegt, wenn jede einzelne Komponente x_i nahe bei y_i liegt, d.h. wenn die Differenz $|x_i - y_i|$ klein ist für alle i = 1, ..., n. Eine Möglichkeit, diese Vorstellung zu formalisieren, besteht darin, den Begriff der Norm auf die Differenz zweier Vektoren anzuwenden.

Definition: *Der Abstand zweier Vektoren* **x** *und* **y** *im* $\mathbb{R}^n$ *ist definiert als*

$$\|\mathbf{x} - \mathbf{y}\| = \sqrt[2]{(\mathbf{x} - \mathbf{y}) \cdot (\mathbf{x} - \mathbf{y})}.$$

Mit anderen Worten, der Abstand zweier Vektoren ist die Norm ihrer Differenz. Man erkennt leicht aus der Definition, daß $\|\mathbf{x} - \mathbf{y}\|$

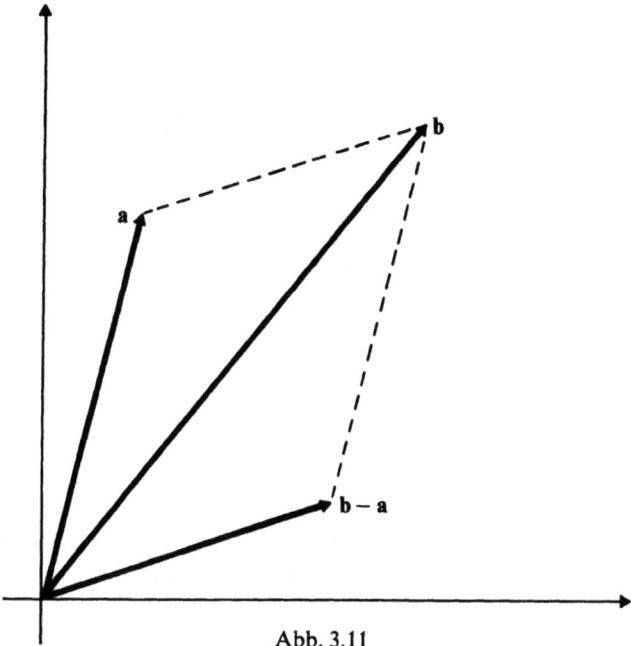

Abb. 3.11

$= \|\mathbf{y} - \mathbf{x}\|$ ist, und daß der Abstand genau dann Null ist, wenn $\mathbf{x} = \mathbf{y}$. Anschaulich macht man sich anhand Abb. 3.11 klar, daß der Abstand **b** nach **a** gleich ist der Norm (Länge) des Vektors $\mathbf{b} - \mathbf{a}$.

3.1.4 Geraden und Ebenen

Im vorangegangenen Abschnitt wurde gezeigt, daß die Vektoren, die die gleiche oder entgegengesetzte Richtung zu einem vorgegebenen Vektor $\mathbf{a} \in \mathbb{R}^n$ haben, darstellbar sind als $\mathbf{x} = t\mathbf{a}$, wobei $t \in \mathbb{R}$. Geometrisch bedeutet dies, daß die Menge aller dieser Punkte eine Gerade im $\mathbb{R}^n$ darstellen, die durch den Ursprung verläuft. In Mengenschreibweise ist also die Gerade durch den Punkt **a** oder äquivalent die Gerade in Richtung des Vektors **a** definiert als

$$L(\mathbf{a}) = \{\mathbf{x} \in \mathbb{R}^n | \mathbf{x} = t\mathbf{a}, t \in \mathbb{R}\}.$$

Nun gibt es natürlich auch Geraden im $\mathbb{R}^n$, die nicht durch den Ursprung gehen. Die Definition einer solchen Geraden ist analog zu der obigen, wobei wiederum jeder Punkt auf der Geraden parametrisch durch eine reelle Zahl t, einen Bezugspunkt **p** und die vorgegebene Richtung **a** dargestellt werden kann.

Definition: *Seien* **a** *und* **p** *Vektoren im* $\mathbb{R}^n$ *mit* **a** $\neq$ **o**. *Dann heißt die Menge*

$$L(\mathbf{a}, \mathbf{p}) = \{\mathbf{x} \in \mathbb{R}^n | \mathbf{x} = \mathbf{p} + t\mathbf{a}, t \in \mathbb{R}\}.$$

Gerade durch **p** *mit der Richtung* **a**.

Da t alle reellen Zahlen, d.h. sowohl positive als auch negative durchläuft, ist $L(\mathbf{a}, \mathbf{p}) = L(-\mathbf{a}, \mathbf{p})$, und allgemeiner formuliert $L(\mathbf{a}, \mathbf{p}) = L(\alpha \mathbf{a}, \mathbf{p})$ für alle $\alpha \neq 0$. Zur Verdeutlichung sei ein Beispiel für n = 2 gewählt. Für $\mathbf{p} = (p_1, p_2)$ und $\mathbf{a} = (a_1, a_2)$ erhält man für die Koordinaten eines Punktes $\mathbf{x} = (x_1, x_2)$ auf der Geraden $L(\mathbf{a}, \mathbf{p})$

$$x_1 = p_1 + t a_1,$$
$$x_2 = p_2 + t a_2.$$

Durch Eliminierung von t aus diesen beiden Gleichungen erhält man die aus der Geometrie bekannte Geradengleichung

$$a_2 x_1 = a_1 x_2 + (a_2 p_1 - a_1 p_2).$$

Daraus erkennt man, daß die Gerade genau dann durch den Koordinatensprung geht, wenn der Term in der Klammer gleich Null ist, d.h. wenn

$$a_2 p_1 = a_1 p_2.$$

Dies ist aber gerade dann der Fall, wenn **p** = **o** ist oder wenn **a** und **p** die gleiche oder die entgegengesetzte Richtung haben, d.h. wenn $\mathbf{a} = \alpha \mathbf{p}$, $\alpha \in \mathbb{R}$. Dann ist

$$a_2 = \alpha p_2 \quad \text{und} \quad a_1 = \alpha p_1,$$

woraus sofort die Gleichheit

$$a_2 p_1 = \alpha p_2 p_1 = \alpha p_1 p_2 = a_1 p_2$$

folgt. Abbildung 3.12 zeigt die graphische Darstellung für n = 2. Im Fall n $\geq$ 3 führt die Eliminierung des Parameters t nicht mehr auf eine einzige Gleichung. Der Ausdruck

$$\mathbf{x} = \mathbf{p} + t\mathbf{a}$$

ist die einzige geschlossene Darstellung eines beliebigen Punktes auf einer Geraden.

Das Konzept der Hyperebene als Verallgemeinerung des geometrischen Konzepts einer zweidimensionalen ebenen Fläche im dreidimensionalen Raum tritt in der Wirtschaftstheorie und in der Theorie der Optimierung häufig auf.

Jede Hyperebene wird genau wie eine Gerade durch zwei Vektoren eindeutig festgelegt. Betrachtet man zunächst einmal Hyperebenen durch den Koordinatenursprung, so stellt man fest, daß im dreidimen-

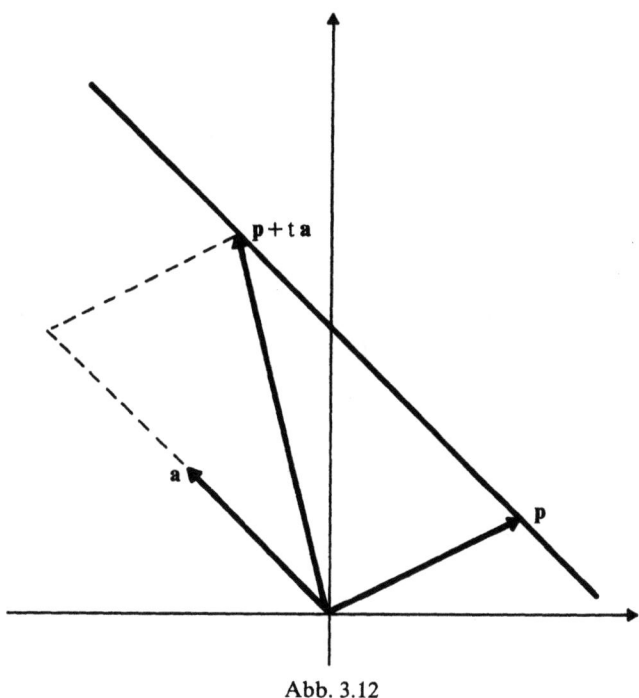

Abb. 3.12

sionalen Fall eine Ebene all diejenigen Vektoren enthält, die zu einer vorgegebenen Richtung (einem Vektor) senkrecht stehen. Verallgemeinert für den Fall des $\mathbb{R}^n$ bedeutet dies, daß jeder Vektor der Hyperebene orthogonal zu dem vorgegebenen Vektor sein muß. Man kann also die zu einem vorgegebenen Vektor $a \in \mathbb{R}^n$, $a \neq o$, gehörige Hyperebene durch den Ursprung als die Menge aller zu a orthogonalen Vektoren definieren, d.h.

$$\{x \in \mathbb{R}^n | x \cdot a = 0\}.$$

Man sieht sofort, daß für die Hyperebene wiederum nur die Richtung des Vektors a, nicht aber seine Norm von Bedeutung ist, denn für jedes $x \in \mathbb{R}^n$ mit $x \cdot a = 0$ folgt natürlich $x \cdot (\alpha a) = 0$ für alle $\alpha \neq 0$. a bzw. αa steht somit senkrecht auf der Hyperebene. a heißt in diesem Fall die *Normale* der Hyperebene. Falls die Hyperebene nicht durch den Ursprung geht, genügt es, für eine eindeutige Bestimmung neben der Normalen einen bestimmten Punkt p der Hyperebene festzulegen.

Definition: *Seien p und a Vektoren im $\mathbb{R}^n$ mit $a \neq o$. Dann heißt die Menge*
$$H(a, p) = \{x \in \mathbb{R}^n | a \cdot x = a \cdot p\}$$
eine Hyperebene durch p mit der Normalen a.

Aus der Definition folgt unmittelbar, daß für alle x der Hyperebene $(x - p) \cdot a = 0$ gelten muß. Dies zeigt deutlich, daß a zu allen Vektoren der Form $(x - p)$ orthogonal ist (Abb. 3.13). Man ersieht aus der obigen Definition, daß für eine durch a und p gegebene Hyperebene jeder andere Punkt q der Ebene, d.h. falls $q \cdot a = p \cdot a$ ist, auch ausreicht, um die gleiche Hyperebene zu definieren. Dies bedeutet jedoch, daß die Richtung der Hyperebene durch die Normale a bestimmt ist, ihre Lage hingegen durch eine reelle Zahl. Für zwei beliebige Punkte x und y einer

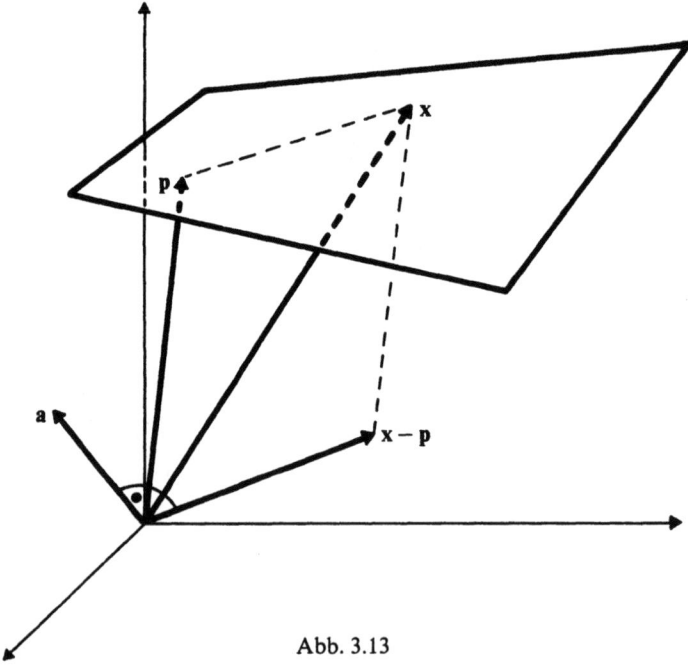

Abb. 3.13

Hyperebene gilt somit $\mathbf{x} \cdot \mathbf{a} = \mathbf{y} \cdot \mathbf{a}$ oder in äquivalenter Schreibweise $(\mathbf{x} - \mathbf{y}) \cdot \mathbf{a} = \mathbf{o}$. Setzt man $\mathbf{p} \cdot \mathbf{a} = c$, so ist $\mathbf{p}$ entbehrlich und somit durch

$$H(\mathbf{a}, c) = \{\mathbf{x} \in \mathbb{R}^n | \mathbf{x} \cdot \mathbf{a} = c\}$$

ebenfalls eine Hyperebene eindeutig bestimmt. c ist ein Maß für den Abstand der Hyperebene vom Koordinatenursprung. Für $c = 0$ geht die Hyperebene durch den Koordinatenursprung. Ist eine Komponente a_i von $\mathbf{a}$ von Null verschieden, dann schneidet die Hyperebene die i-te Koordinatenachse im Punkt $x_i = \frac{c}{a_i}$. Offensichtlich ist der Vektor $\mathbf{x}$, der an der i-ten Stelle den Wert $x_i = \frac{c}{a_i}$ und in allen anderen Komponenten den Wert Null hat, ein Element der Hyperebene.

Man erkennt leicht, daß zwei Hyperebenen $H(\mathbf{a}, c_1)$ und $H(\mathbf{a}, c_2)$, wobei $c_1 \neq c_2$ ist, keine gemeinsamen Punkte haben können, falls $\mathbf{a} \neq \mathbf{o}$, was stets vorausgesetzt wurde. Unterscheiden sich zwei Hyperebenen lediglich durch die sie definierende reelle Zahl c (bei gleicher Normalenrichtung), so spricht man in analoger Weise zur Terminologie in der Geometrie von der Parallelität zweier Hyperebenen.

Beispiel: Ein Haushalt frage von n Gütern die Mengen

$$\mathbf{x} = (x_1, \ldots, x_n) \in \mathbb{R}^n$$

zu Preisen $\mathbf{p} = (p_1, \ldots, p_n) \in \mathbb{R}_+^n$ nach, und er besitze ein verfügbares Einkommen $y \in \mathbb{R}_+$. Diejenigen Güterbündel $\mathbf{x}$, die das gesamte Einkommen ausschöpfen, müssen offensichtlich der Bedingung

$$\mathbf{p} \cdot \mathbf{x} = \sum_{i=1}^{n} p_i x_i = y$$

genügen. Damit legen $\mathbf{p}$ und y eine Hyperebene im $\mathbb{R}^n$ fest, die sogenannte Budget(hyper)ebene, wobei der Vektor der Preise $\mathbf{p}$ die Normale dieser Ebene ist. Wenn alle Güterpreise positiv sind, dann schneidet die Budgetebene die Koordinatenachsen bei $x_i = \frac{y}{p_i}$, d.h. alle Vektoren der Form

$$\mathbf{x} = \left(\frac{y}{p_i}\right) \mathbf{e}^i,$$

wobei $\mathbf{e}^i \in \mathbb{R}^n$ der i-te Einheitsvektor ist, gehören zur Budgetebene. Abbildung 3.14 zeigt diesen Fall für $n = 3$.

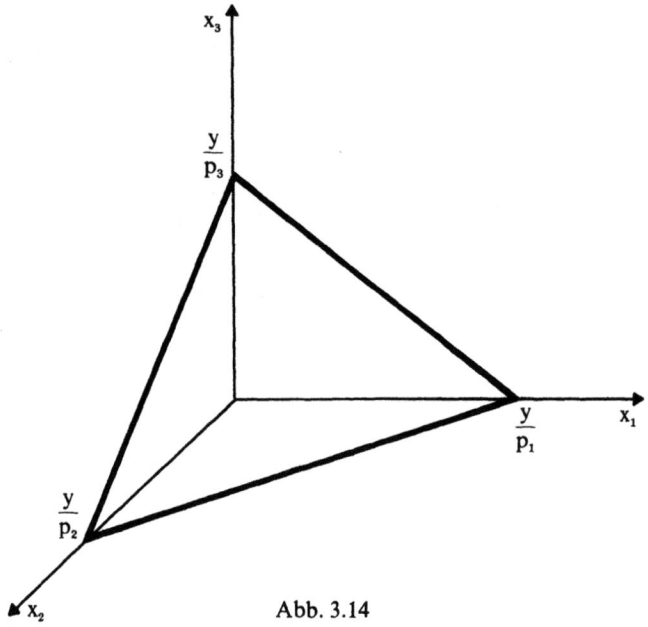

Abb. 3.14

3.2 Matrizen

Eine Anordnung von n × m reellen Zahlen in einem rechteckigen Schema heißt eine *Matrix*, wobei n und m beliebige natürliche Zahlen sind. So ist z. B.

$$\begin{pmatrix} 5 & 2 & 0 & -3 & 7 \\ 1 & 0 & -12 & 5 & -8 \\ 1 & 2 & 0 & -4 & 1 \end{pmatrix}$$

eine Matrix mit n = 3 Zeilen und m = 5 Spalten. Matrizen werden im weiteren mit großen fettgedruckten Buchstaben, z. B. **A**, **B**, usw. bezeichnet. Wählt man als Indizes einer n × m-Matrix für die jeweilige Zeile i = 1, ..., n und für die jeweilige Spalte j = 1, ..., m, so kann eine Matrix **A** auch durch Angabe der zu jeder Zeile i und jeder Spalte j gehörigen Zahl a_{ij} dargestellt werden, d. h.

$$\mathbf{A} = \begin{pmatrix} a_{11} & a_{12} & a_{13} & \ldots & a_{1m} \\ a_{21} & a_{22} & a_{23} & \ldots & a_{2m} \\ \vdots & \vdots & \vdots & a_{ij} & \vdots \\ a_{n1} & a_{n2} & a_{n3} & \ldots & a_{nm} \end{pmatrix}.$$

3.2 Matrizen

Als äquivalente Schreibweise verwendet man auch (a_{ij}), $i = 1, \ldots, n$ und $j = 1, \ldots, m$. Bei der Betrachtung einzelner Spalten bzw. Zeilen einer Matrix **A** ist es häufig nützlich, die i-te Zeile mit $\mathbf{A}_i$, $i = 1, \ldots, n$ und die j-te Spalte mit $\mathbf{A}^j$, $j = 1, \ldots, m$ zu bezeichnen. Jede Zeile bzw. Spalte kann dabei als ein Vektor der entsprechenden Dimension aufgefaßt werden. Man spricht deshalb auch von einem Zeilenvektor

$$\mathbf{A}_i = (a_{i1}, a_{i2}, \ldots, a_{im})$$

oder von einem Spaltenvektor

$$\mathbf{A}^j = \begin{pmatrix} a_{1j} \\ a_{2j} \\ \vdots \\ a_{nj} \end{pmatrix}.$$

Mit dieser Konvention kann eine $n \times m$ Matrix **A** als eine n-Liste von m-dimensionalen Zeilenvektoren

$$\mathbf{A} = \begin{pmatrix} \mathbf{A}_1 \\ \mathbf{A}_2 \\ \vdots \\ \mathbf{A}_n \end{pmatrix}$$

oder als m-Liste von n-dimensionalen Spaltenvektoren

$$\mathbf{A} = (\mathbf{A}^1, \mathbf{A}^2, \ldots, \mathbf{A}^m)$$

dargestellt werden. Jeder Spaltenvektor bzw. Zeilenvektor ist natürlich selbst wieder eine Matrix der Größe $n \times 1$ bzw. $1 \times m$.

Eine Matrix, deren sämtliche Elemente den Wert Null haben, heißt *Nullmatrix* und wird mit **O** bezeichnet. Es ist darauf zu achten, daß natürlich die Zahl 0, der Vektor **o** und die Matrix **O** drei verschiedene mathematische Objekte sind.

Ordnet man eine gegebene $n \times m$-Matrix **A** so um, daß man für jedes Element a_{ij} Zeilen- und Spaltenindex miteinander vertauscht, so erhält man eine neue Matrix **A**' mit m Zeilen und n Spalten, die man als *Transponierte der Matrix* **A** bezeichnet. Sei zum Beispiel die Matrix

$$\mathbf{B} = \begin{pmatrix} -1 & 2 & 7 & 3 \\ 5 & 6 & 0 & 8 \end{pmatrix}$$

gegeben, dann ist die Transponierte **B**' von **B**

$$\mathbf{B}' = \begin{pmatrix} -1 & 5 \\ 2 & 6 \\ 7 & 0 \\ 3 & 8 \end{pmatrix}.$$

3 Lineare Algebra

Eine Matrix heißt *quadratisch*, falls sie die gleiche Anzahl Zeilen und Spalten hat, d.h. wenn n = m gilt. Als Beispiele betrachte man die folgenden 2 × 2- bzw. 4 × 4-Matrizen.

$$\begin{pmatrix} 1 & 2 \\ -1 & 0 \end{pmatrix} \quad \begin{pmatrix} 1 & -2 & 3 & 6 \\ 2 & 7 & 0 & 5 \\ 3 & 4 & -3 & 0 \\ 0 & 0 & 0 & 0 \end{pmatrix}.$$

Als *Diagonale* einer n × n-Matrix bezeichnet man die Elemente $a_{11}, a_{22}, \ldots, a_{nn}$. In den beiden obigen Beispielen besteht die Diagonale aus den Elementen 1, 0 bzw. 1, 7, −3, 0. Eine quadratische Matrix, deren sämtliche Elemente außerhalb der Diagonalen Null sind, heißt *Diagonalmatrix*.

$$\begin{pmatrix} a_{11} & 0 & 0 & \ldots & 0 \\ 0 & a_{22} & 0 & \ldots & 0 \\ 0 & 0 & a_{33} & 0 & \ldots & 0 \\ 0 & 0 & 0 & \ddots & & \vdots \\ \vdots & \vdots & \vdots & & \ddots & 0 \\ 0 & 0 & 0 & \ldots & 0 & a_{nn} \end{pmatrix}$$

Ein Spezialfall einer Diagonalmatrix ist die *Einheitsmatrix* **I**, deren Diagonale aus lauter Einsen besteht.

$$\mathbf{I} = \begin{pmatrix} 1 & 0 & & \ldots & & 0 \\ 0 & 1 & 0 & & \ldots & \\ 0 & 0 & 1 & 0 & \ldots & \\ 0 & 0 & 0 & \ddots & & \\ \vdots & \vdots & \vdots & & \ddots & 0 \\ 0 & & \ldots & & 0 & 1 \end{pmatrix}.$$

3.2.1 Matrizenoperationen

Als Summe zweier n × m-Matrizen **A** und **B** bezeichnet man diejenige Matrix, die man durch komponentenweise Addition erhält, d.h. wenn **A** = (a_{ij}) und **B** = (b_{ij}), i = 1, ..., n und j = 1, ..., m, dann ist

$$\mathbf{A} + \mathbf{B} = (a_{ij} + b_{ij}).$$

Sei
$$A = \begin{pmatrix} 1 & 2 & -1 \\ 3 & 0 & 4 \end{pmatrix}, \quad B = \begin{pmatrix} -7 & 3 & 0 \\ 2 & 4 & 8 \end{pmatrix}.$$

Dann ist
$$A + B = \begin{pmatrix} 1-7 & 2+3 & -1+0 \\ 3+2 & 0+4 & 4+8 \end{pmatrix} = \begin{pmatrix} -6 & 5 & -1 \\ 5 & 4 & 12 \end{pmatrix}.$$

Die Addition ist selbstverständlich nur dann definiert, wenn beide Matrizen die gleiche Anzahl Zeilen und die gleiche Anzahl Spalten haben.

In gleicher Weise wie bei Vektoren ist die Multiplikation einer Matrix **A** mit einer reellen Zahl $\alpha \in \mathbb{R}$ definiert, nämlich durch

$$\alpha A = (\alpha a_{ij}) \quad i = 1, \ldots, n \quad \text{und} \quad j = 1, \ldots, m.$$

Jede Komponente der Matrix **A** wird mit der reellen Zahl multipliziert. Wählt man $\alpha = -1$, so kann man das Produkt $-1\,A$ schreiben als $-A$, so daß damit auch die Subtraktion zweier Matrizen komponentenweise definiert ist. Offensichtlich gilt

$$A - A = O.$$

Für Matrizen mit $n = 1$ oder $m = 1$ entsprechen die hier eingeführte Addition und die Multiplikation mit einer reellen Zahl den im vorangegangenen Abschnitt für Vektoren eingeführten Operationen (siehe Abschnitt 3.1.1). Für Matrizen gleicher Größe gelten die gleichen Rechenregeln der Addition und der Multiplikation mit reellen Zahlen wie für Vektoren.

Die Multiplikation zweier Matrizen stellt eine Verallgemeinerung des Skalarprodukts zweier Vektoren dar. Sei **A** eine $n \times m$-Matrix und **B** eine $m \times k$ Matrix. Dann ist das Produkt **AB** eine $n \times k$-Matrix, deren Elemente (c_{rs}) definiert sind durch

$$c_{rs} = \sum_{j=1}^{m} a_{rj} b_{js} = a_{r1} b_{1s} + a_{r2} b_{2s} + \cdots + a_{rm} b_{ms}.$$

Schreibt man die Matrix **A** als Liste ihrer Zeilenvektoren

$$\begin{pmatrix} A_1 \\ A_2 \\ \vdots \\ A_n \end{pmatrix}$$

und die Matrix **B** als Liste ihrer Spaltenvektoren

$$(\mathbf{B}^1, \mathbf{B}^2, \ldots, \mathbf{B}^k),$$

so ist

$$\mathbf{AB} = \begin{pmatrix} \mathbf{A}_1 \cdot \mathbf{B}^1 & \ldots & \mathbf{A}_1 \cdot \mathbf{B}^k \\ \vdots & & \vdots \\ \mathbf{A}_n \cdot \mathbf{B}^1 & \ldots & \mathbf{A}_n \cdot \mathbf{B}^k \end{pmatrix}.$$

In etwas anderer, ausführlicher Schreibweise ist demnach

$$\mathbf{AB} = \begin{pmatrix} a_{11} & \ldots & a_{1m} \\ \vdots & & \vdots \\ a_{r1} & \ldots & a_{rm} \\ \vdots & & \vdots \\ a_{n1} & \ldots & a_{nm} \end{pmatrix} \begin{pmatrix} b_{11} & \ldots & b_{1s} & \ldots & b_{1k} \\ \vdots & & \vdots & & \vdots \\ \vdots & & \vdots & & \vdots \\ \vdots & & \vdots & & \vdots \\ b_{m1} & \ldots & b_{ms} & \ldots & b_{mk} \end{pmatrix}$$

$$= \begin{pmatrix} \sum_{j=1}^{m} a_{1j} b_{j1} & \ldots & \ldots & \sum_{j=1}^{m} a_{1j} b_{jk} \\ \vdots & & \sum_{j=1}^{m} a_{rj} b_{js} & & \vdots \\ \sum_{j=1}^{m} a_{nj} b_{j1} & \ldots & \ldots & \sum_{j=1}^{m} a_{nj} b_{jk} \end{pmatrix} \leftarrow \text{r-te Zeile}$$

$$\uparrow$$
s-te Spalte

Als Beispiel betrachte man

$$\mathbf{A} = \begin{pmatrix} 2 & 3 & 1 \\ 0 & -1 & 4 \end{pmatrix} \quad \text{und} \quad \mathbf{B} = \begin{pmatrix} 0 & -1 \\ 4 & 2 \\ 3 & 5 \end{pmatrix}.$$

Dann ist

$$\mathbf{AB} = \begin{pmatrix} 2 & 3 & 1 \\ 0 & -1 & 4 \end{pmatrix} \begin{pmatrix} 0 & -1 \\ 4 & 2 \\ 3 & 5 \end{pmatrix}$$

$$= \begin{pmatrix} 2 \cdot 0 + 3 \cdot 4 + 1 \cdot 3 & 2 \cdot (-1) + 3 \cdot 2 + 1 \cdot 5 \\ 0 \cdot 0 - 1 \cdot 4 + 4 \cdot 3 & 0 \cdot (-1) - 1 \cdot 2 + 4 \cdot 5 \end{pmatrix} = \begin{pmatrix} 15 & 9 \\ 8 & 18 \end{pmatrix}.$$

Man sieht, daß die Multiplikation nur dann definiert ist, wenn die Anzahl der Spalten der ersten Matrix gleich der Anzahl der Zeilen der zweiten Matrix ist. Die Reihenfolge der beiden Matrizen ist dabei wesentlich. Häufig macht sogar das Produkt **BA** keinen Sinn, selbst wenn

AB definiert ist. Nur wenn **A** eine n × m und **B** eine m × n-Matrix ist, dann ist sowohl **AB** als auch **BA** definiert.

Für Matrizen, die bezüglich der Multiplikation und der Addition miteinander verträglich sind, gilt der folgende Satz.

Satz: *Seien* **A**, **B**, **C** *Matrizen derart, daß* **AB**, **AC** *und* **B** + **C** *definiert sind. Dann gilt*

(i) $\mathbf{A}(\mathbf{B} + \mathbf{C}) = \mathbf{A}\mathbf{B} + \mathbf{A}\mathbf{C}$.

Falls **BC** *definiert ist, gilt weiterhin:*

(ii) $(\mathbf{A}\mathbf{B})\mathbf{C} = \mathbf{A}(\mathbf{B}\mathbf{C})$.

Für jede reelle Zahl α gilt:

(iii) $\mathbf{A}(\alpha \mathbf{B}) = \alpha(\mathbf{A}\mathbf{B})$.

Multipliziert man zwei quadratische Matrizen **A** und **B**, so gilt im allgemeinen nicht
$$\mathbf{A}\mathbf{B} = \mathbf{B}\mathbf{A}.$$

Man stellt jedoch fest, daß für spezielle Matrizen die Gleichheit gelten kann. Sei **I** die Einheitsmatrix. Dann überprüft man leicht, daß
$$\mathbf{A}\mathbf{I} = \mathbf{I}\mathbf{A} = \mathbf{A}$$

gilt, für jede beliebige quadratische Matrix **A**. Diese Aussage gilt darüber hinaus in etwas veränderter Form für alle nichtquadratischen Matrizen, die mit der entsprechenden (quadratischen) Einheitsmatrix multipliziert werden. Sei **A** eine beliebige n × m Matrix und $\mathbf{I}_n$ bzw. $\mathbf{I}_m$ die n × n bzw. m × m Einheitsmatrix. Dann gilt:
$$\mathbf{I}_n \mathbf{A} = \mathbf{A} \quad \text{und} \quad \mathbf{A}\mathbf{I}_m = \mathbf{A}.$$

Sei $\mathbf{x} = (x_1, \ldots, x_n)$ ein Zeilenvektor, d.h. eine 1 × n Matrix, dann stellt man sofort fest, daß $\mathbf{x}\mathbf{I}_n = \mathbf{x}$ ist. Falls **y** ein m-dimensionaler Spaltenvektor ist, so erhält man entsprechend
$$\mathbf{I}_m \begin{pmatrix} y_1 \\ \vdots \\ y_m \end{pmatrix} = \begin{pmatrix} y_1 \\ \vdots \\ y_m \end{pmatrix}.$$

Die Einheitsmatrix läßt bei der Multiplikation jede Matrix unverändert. Man kann nun fragen, ob es zu einer Matrix **A** eine zugehörige Matrix **B** gibt, deren Produkt **AB** gleich der Einheitsmatrix ist.

3 Lineare Algebra

Definition: *Sei* **A** *eine quadratische* n × n *Matrix. Dann heißt* **A** *nichtsingulär oder invertierbar, falls es eine* n × n *Matrix* **B** *gibt, so daß gilt:*

$$AB = BA = I.$$

Eine solche Matrix **B** ist, falls sie existiert, eindeutig bestimmt und heißt *Inverse* zur Matrix **A**, die man mit A^{-1} bezeichnet. Als Beispiel betrachte man die 2 × 2-Matrix

$$\begin{pmatrix} 0 & -1 \\ 2 & 3 \end{pmatrix}.$$

Die zugehörige Inverse ist die Matrix

$$\begin{pmatrix} \frac{3}{2} & \frac{1}{2} \\ -1 & 0 \end{pmatrix},$$

denn man überprüft leicht, daß

$$\begin{pmatrix} 0 & -1 \\ 2 & 3 \end{pmatrix} \begin{pmatrix} \frac{3}{2} & \frac{1}{2} \\ -1 & 0 \end{pmatrix} = \begin{pmatrix} 1 & 0 \\ 0 & 1 \end{pmatrix}.$$

In diesem Zusammenhang stellen sich zwei Fragen:

(1) Wann existiert die Inverse A^{-1} zu einer Matrix **A**?
(2) Wie berechnet man A^{-1} aus **A**?

Ein notwendiges und hinreichendes Kriterium für die Existenz der Inversen wird im nächsten Abschnitt angegeben und erläutert. Die Berechnung der Inversen wird im Abschnitt über Determinanten behandelt.

3.2.2 Lineare Gleichungssysteme

Systeme linearer Gleichungen stellen ein wesentliches Anwendungsgebiet der sogenannten Matrixalgebra dar, deren wichtigste Rechenregeln in den vorangegangenen Abschnitten angeführt wurden. Anwendungen in der ökonomischen Theorie gibt es viele, angefangen bei der Behandlung und Lösung einfacher linearer Angebots- und Nachfragesysteme bis hin zu den sogenannten Leontief-Modellen und linearen Wachstumsmodellen. Auch die analytische Behandlung komparativ-statischer Probleme bei ökonomischen Modellen erfordert im allgemeinen die Untersuchung und Lösung linearer Gleichungssysteme.

Ein System von Gleichungen der Form

$$
\begin{aligned}
a_{11}x_1 + \cdots + a_{1m}x_m &= b_1 \\
\vdots \quad\quad \vdots \quad\quad \vdots& \\
a_{n1}x_1 + \cdots + a_{nm}x_m &= b_n
\end{aligned},
$$

wobei alle Koeffizienten a_{ij}, b_i, $i = 1, \ldots, n$ und $j = 1, \ldots, m$ als fest vorgegeben betrachtet werden, und alle $x_1, \ldots, x_m$ als Variable oder Unbekannte angesehen werden, heißt ein *lineares Gleichungssystem von* n *Gleichungen mit* m *Unbekannten*. Bei Verwendung der Schreibweisen und Rechenregeln des vorangegangenen Abschnitts kann ein solches System noch in anderer Form geschrieben werden. Sei $\mathbf{A} = (a_{ij})$ die Matrix der Koeffizienten und $\mathbf{A}^j$ der j-te Spaltenvektor von $\mathbf{A}$. Dann erhält man die beiden folgenden äquivalenten Schreibweisen:

$$x_1\mathbf{A}^1 + x_2\mathbf{A}^2 + \cdots + x_m\mathbf{A}^m = \begin{pmatrix} b_1 \\ \vdots \\ b_n \end{pmatrix},$$

bzw.

$$\mathbf{A}\begin{pmatrix} x_1 \\ \vdots \\ x_m \end{pmatrix} = \begin{pmatrix} b_1 \\ \vdots \\ b_n \end{pmatrix}.$$

Bezeichnet man zusätzlich den aus den x_j, $j = 1, \ldots, m$, gebildeten Spaltenvektor mit $\mathbf{x}$ und den aus den b_i, $i = 1, \ldots, n$ gebildeten Spaltenvektor mit $\mathbf{b}$, so erhält man die kompaktere Schreibweise

$$\mathbf{A}\mathbf{x} = \mathbf{b}.$$

Ist $\mathbf{b} = \mathbf{o}$, so heißt das Gleichungssystem *homogen*, ist $\mathbf{b} \neq \mathbf{o}$ so heißt es *inhomogen*.

Die wesentliche Frage bei linearen Gleichungssystemen lautet: Wann existiert eine Lösung des Systems und wie kann man sie bestimmen, d.h. wann gibt es einen oder mehrere Vektoren $\mathbf{x}$, die das Gleichungssystem erfüllen. Zunächst soll diese Frage für ein homogenes Gleichungssystem

$$\mathbf{A}\mathbf{x} = \mathbf{o}$$

untersucht werden. Es ist unmittelbar einsichtig, daß der Vektor $\mathbf{x} = \mathbf{o}$

eine Lösung des Systems darstellt, denn betrachtet man die alternative Schreibweise für das System

$$x_1 A^1 + x_2 A^2 + \cdots + x_m A^m = o,$$

so sieht man sofort, daß die Wahl $x_j = 0$ für alle $j = 1, \ldots, m$ die Gleichheit erfüllt. Eine solche Lösung $\mathbf{x} = \mathbf{o}$ heißt *triviale Lösung* eines homogenen Gleichungssystems. Eine Lösung $\mathbf{x} \neq \mathbf{o}$ heißt *nichttriviale Lösung*. Man stellt somit fest, daß jedes homogene Gleichungssystem eine triviale Lösung besitzt. Der folgende Satz liefert eine Bedingung für die Existenz einer nichttrivialen Lösung.

Satz: *Sei*

$$\begin{aligned} a_{11} x_1 + \cdots + a_{1n} x_n &= 0 \\ \vdots \qquad\qquad \vdots \qquad \vdots& \\ a_{m1} x_1 + \cdots + a_{mn} x_n &= 0 \end{aligned}$$

ein homogenes Gleichungssystem mit m Gleichungen und n Unbekannten. Falls die Anzahl n der Unbekannten größer ist als die Anzahl m der Gleichungen, dann besitzt das System eine nichttriviale Lösung.

Beispiel: Ein Unternehmen betreibe $i = 1, \ldots, n$ Produktionsprozesse, bei denen $j = 1, \ldots, m$, $m < n$ Zwischenprodukte anfallen bzw. benötigt werden, die das Unternehmen weder kaufen noch verkaufen kann. Alle Zwischenprodukte entstehen bzw. werden in festen Proportionen zueinander benötigt. Für den Produktionsprozeß i bezeichne $a_{ij} < 0$ die Menge eines Zwischenproduktes j, die für eine Einheit des von Prozeß i hergestellten Gutes benötigt werden. Entsprechend sei $a_{ij} > 0$ die Menge eines Zwischenproduktes j, die bei einer Einheit des von Prozeß i hergestellten Gutes entsteht. Welche Produktionsintensitäten $x_1, \ldots, x_n$ ermöglichen gerade den Ausgleich der Produktion und des Bedarfs an Zwischenprodukten?

Für einen Produktionsplan $\mathbf{x} = (x_1, \ldots, x_n)$ ist offensichtlich der Nettobedarf des Zwischenproduktes j gerade $\sum_{i=1}^{n} a_{ij} x_i$. Für jeden Prozeß i beschreibt der Vektor $\mathbf{a}^i = (a_{i1}, \ldots, a_{im})$ den Nettobedarf aller Zwischenprodukte $j = 1, \ldots, m$. Ordnet man die Vektoren $\mathbf{a}^i$ als Spaltenvektoren in einer Matrix $\mathbf{A} = (\mathbf{a}^1, \ldots, \mathbf{a}^n)$ an, so läßt sich die Bedingung für einen ausgeglichenen Produktionsplan als

$$\mathbf{A}\mathbf{x} = \sum_{i=1}^{n} x_i \mathbf{a}_i = \mathbf{o}$$

schreiben. Jede Lösung dieses Gleichungssystems ist somit ein ausgeglichener Produktionsplan.

Die Annahme n > m des obigen Satzes enthält implizit eine wichtige mathematische Eigenschaft von Systemen von Vektoren, die für das Verständnis von linearen Gleichungssystemen und von Matrizen von entscheidender Bedeutung sind. Sei $\mathbf{a}^1, \ldots, \mathbf{a}^k$ eine beliebige Anzahl gegebener (Zeilen- oder Spalten-)Vektoren aus dem $\mathbb{R}^m$. Dann bezeichnet man eine gewichtete Summe

$$\alpha_1 \mathbf{a}^1 + \alpha_2 \mathbf{a}^2 + \cdots + \alpha_k \mathbf{a}^k$$

als eine *Linearkombination* der Vektoren $\mathbf{a}^1$ bis $\mathbf{a}^k$, wobei $\alpha_1, \ldots, \alpha_k$ beliebige reelle Zahlen sind. Gibt es nun reelle Zahlen $\alpha_1, \ldots, \alpha_k$, so daß die Linearkombination

$$\sum_{i=1}^{k} \alpha_i \mathbf{a}^i = \mathbf{0},$$

wobei nicht alle α_i Null sind, so bezeichnet man die Vektoren $\mathbf{a}^1, \ldots, \mathbf{a}^k$ als *linear abhängig*. Dies bedeutet inhaltlich, daß mindestens einer der Vektoren $\mathbf{a}^i$ als Linearkombination der anderen darstellbar ist. Da es nämlich ein von Null verschiedenes α_j gibt, folgt aus

$$\sum_{i=1}^{n} \alpha_i \mathbf{a}^i = \mathbf{0}$$

für den entsprechenden Vektor die Darstellung

$$\mathbf{a}^j = -\frac{1}{\alpha_j} \sum_{i \neq j} \alpha_i \mathbf{a}^i.$$

Somit ist $\mathbf{a}^j$ eine Linearkombination der restlichen Vektoren $\mathbf{a}^i$ mit $i \neq j$. Ist hingegen eine Menge von Vektoren nicht linear abhängig, so bezeichnet man sie als *linear unabhängig*. Aus der linearen Abhängigkeit folgt damit, daß die Gleichheit

$$\sum_{i=1}^{n} \alpha_i \mathbf{a}^i = \mathbf{0}$$

für linear unabhängige Vektoren impliziert, daß alle α_i gleich Null sein müssen. Eine Menge von k Vektoren des $\mathbb{R}^n$ ist also entweder linear abhängig oder linear unabhängig. Diese beiden wichtigen Begriffe werden noch einmal in der folgenden Definition präzisiert.

Definition: *Seien* $a^1, \ldots, a^k$ *Vektoren des* $\mathbb{R}^m$.

(i) *Die Vektoren* $a^1, \ldots, a^k$ *heißen linear unabhängig, falls*
$\alpha_1 = \alpha_2 = \cdots = \alpha_k = 0$ *die einzige Lösung des Gleichungssystems*
$$\alpha_1 a^1 + \cdots + \alpha_k a^k = 0$$
ist.

(ii) *Die Vektoren* $a^1, \ldots, a^k$ *heißen linear abhängig, falls es eine Lösung* $(\alpha_1, \ldots, \alpha_k)$ *des Gleichungssystems*
$$\alpha_1 a^1 + \cdots + \alpha_k a^k = 0$$
gibt, bei der nicht alle α_i *Null sind.*

Die Aussage des obigen Satzes kann nun in einer Weise formuliert werden, die einige zusätzliche Konsequenzen ersichtlich werden läßt. Ist ein homogenes Gleichungssystem durch eine Matrix A gegeben, so sind die Spaltenvektoren von A linear abhängig, falls die Anzahl der Spalten größer ist als die Anzahl der Zeilen der Matrix A. Bezogen auf das Gleichungssystem bedeutet dies, daß die Anzahl der Unbekannten größer ist als die Anzahl der Gleichungen. Eine andere Version dieser Aussage lautet: Sind l Vektoren aus $\mathbb{R}^m$ gegeben, so sind sie linear abhängig, falls $l > m$.

Eine weitere Eigenschaft von linear abhängigen Vektoren zeigt eine einfache Überlegung. Seien $a^1, \ldots, a^k$ linear abhängige Vektoren des $\mathbb{R}^m$. Dann bleibt die Eigenschaft der linearen Abhängigkeit offensichtlich erhalten, wenn weitere beliebige Vektoren $a^{k+1}, \ldots, a^{k+n}$ hinzugefügt werden, denn aus einer nichttrivialen Lösung von

$$\sum_{i=1}^{k} \alpha_i a^i = 0$$

folgt sofort die Existenz einer nichttrivialen Lösung von

$$\sum_{i=1}^{k+n} \alpha_i a^i = \sum_{i=1}^{k} \alpha_i a^i + \sum_{i=k+1}^{k+n} \alpha_i a^i$$

mit den Werten $\alpha_{k+1} = \cdots = \alpha_{k+n} = 0$.

Aus den Erläuterungen und aus dem Satz über lineare Abhängigkeit folgt, daß lineare Unabhängigkeit nur dann vorliegen kann, wenn die Anzahl der betrachteten Vektoren kleiner oder gleich der Dimension des Raumes ist, in dem die Vektoren definiert sind. Probleme der linearen Unabhängigkeit treten bei der Lösung inhomogener Gleichungssysteme auf.

Gegeben sei das inhomogene Gleichungssystem

$$a_{11}x_1 + \cdots + a_{1m}x_m = b_1$$
$$\vdots \qquad\qquad \vdots$$
$$a_{n1}x_1 + \cdots + a_{nm}x_m = b_n$$

oder in entsprechender Matrixschreibweise

$$A\begin{pmatrix} x_1 \\ \vdots \\ x_m \end{pmatrix} = \begin{pmatrix} b_1 \\ \vdots \\ b_n \end{pmatrix}.$$

Da der Spaltenvektor **b** nicht der Nullvektor ist, sieht man leicht, daß $x_1 = x_2 = \cdots = x_m = 0$ keine Lösung des Systems sein kann. Alle Lösungen eines inhomogenen Gleichungssystems müssen daher nichttrivial sein. Andererseits besagt die Existenz einer Lösung nichts anderes, als daß der Vektor **b** als Linearkombination der Spaltenvektoren der Matrix A geschrieben werden kann. Mit anderen Worten, die Vektoren $A^1, \ldots, A^m, \mathbf{b}$ müssen linear abhängig sein, denn durch Umformung des inhomogenen Gleichungssystems in das äquivalente homogene

$$x_1 A^1 + x_2 A^2 + \cdots + x_m A^m + \alpha \mathbf{b} = \mathbf{o}$$

erkennt man, daß die Existenz einer Lösung des inhomogenen Gleichungssystems eine Lösung des äquivalenten homogenen Systems mit $\alpha = -1$ impliziert. Jedoch ist die Tatsache, daß die Vektoren $A^1, \ldots, A^m, \mathbf{b}$ linear abhängig sind, nicht hinreichend für die Existenz einer Lösung, wie das folgende Beispiel zeigt. Das System

$$\begin{pmatrix} 1 & 1 \\ 2 & 2 \end{pmatrix} \begin{pmatrix} x_1 \\ x_2 \end{pmatrix} = \begin{pmatrix} 2 \\ 3 \end{pmatrix}$$

besitzt keine Lösung.

Für die Existenz einer Lösung des inhomogenen Gleichungssystems ist die Anzahl der linear unabhängigen Vektoren der um den Vektor **b** erweiterten Matrix A, $(A^1, \ldots, A^m, \mathbf{b})$, entscheidend. Ein Kriterium dafür wird durch die folgende Definition vorbereitet.

Definition: *Der Rang einer Matrix $C = (C^1, \ldots, C^m)$ ist die maximale Anzahl von linear unabhängigen Spaltenvektoren der Matrix C. Er wird mit $r(C)$ bezeichnet.*

3 Lineare Algebra

Sei C eine n × m Matrix. Dann besagt der Satz über die Lösung von homogenen Gleichungssystemen bereits, daß r(C) höchstens gleich der kleineren der beiden Zahlen n und m sein kann, d.h. $r(C) \leq \text{Min}\{n, m\}$. Für $C \neq O$ muß andererseits $r(C) \geq 1$ sein, da jeder Vektor, der nicht der Nullvektor ist, für sich allein betrachtet linear unabhängig ist. Ein Verfahren zur Bestimmung des Ranges einer Matrix wird im nächsten Abschnitt angegeben, so daß hier ein Beispiel genügen soll. Gegeben sei die Matrix

$$C = \begin{pmatrix} 1 & 2 & 0 & 1 & -2 \\ 2 & 4 & 1 & 0 & 1 \\ -1 & -2 & -1 & 1 & -3 \end{pmatrix}.$$

Da der Rang von C höchstens 3 sein kann, muß man lediglich Dreiergruppen der Spaltenvektoren untersuchen. Man sieht, daß die Vektoren C^1 und C^2 linear abhängig sind, denn

$$-2 \begin{pmatrix} 1 \\ 2 \\ -1 \end{pmatrix} + \begin{pmatrix} 2 \\ 4 \\ -2 \end{pmatrix} = \begin{pmatrix} 0 \\ 0 \\ 0 \end{pmatrix}.$$

Damit ist jede Dreiergruppe, die die Vektoren C^1 und C^2 enthält, linear abhängig. Ferner sind C^3, C^4 und C^5 linear abhängig, da

$$-1 \begin{pmatrix} 0 \\ 1 \\ -1 \end{pmatrix} + 2 \begin{pmatrix} 1 \\ 0 \\ 1 \end{pmatrix} + \begin{pmatrix} -2 \\ 1 \\ -3 \end{pmatrix} = \begin{pmatrix} 0 \\ 0 \\ 0 \end{pmatrix}.$$

Man erkennt jedoch, daß C^3 und C^4, C^4 und C^5, sowie C^3 und C^5 linear unabhängig sind, so daß r(C) mindestens zwei sein muß. Überprüft man jedoch (C^1, C^3, C^4), so stellt man fest, daß diese linear unabhängig sind. Damit ist der Rang r(C) = 3.

Notwendig und hinreichend für die Existenz einer Lösung eines inhomogenen Gleichungssystems ist nun das im folgenden Satz angegebene Kriterium.

Satz: *Sei* $Ax = b$ *ein inhomogenes lineares Gleichungssystem. Es existiert genau dann eine Lösung, wenn*

$$r(A) = r(A, b),$$

wobei (A, b) *die um den Vektor* b *erweiterte Matrix* A *ist, d.h.*

$$(A, b) = (A^1, \ldots, A^m, b).$$

Betrachtet man noch einmal das Beispiel

$$\begin{pmatrix} 1 & 1 \\ 2 & 2 \end{pmatrix} \begin{pmatrix} x_1 \\ x_2 \end{pmatrix} = \begin{pmatrix} 2 \\ 3 \end{pmatrix},$$

so stellt man fest, daß $r(A) = 1$, jedoch $r(A, b) = 2$, da z. B. die Vektoren A^1 und b linear unabhängig sind.

Einer der wichtigsten Fälle der Bestimmung von Lösungen inhomogener Gleichungssysteme ist jener, bei dem die Anzahl der Gleichungen mit derjenigen der Unbekannten übereinstimmt, mithin A quadratisch ist. Sei also A eine $n \times n$-Matrx und $Ax = b$ ein inhomogenes Gleichungssystem. Besitzt A eine Inverse A^{-1}, so gilt offenbar

$$A^{-1} A x = A^{-1} b.$$

Da $A^{-1} A = I_n$ und $I_n x = x$, erhält man

$$x = A^{-1} b.$$

Falls A^{-1} existiert, ist somit eine Lösung direkt zu bestimmen. Der folgende Satz stellt den Zusammenhang zwischen dem Rang einer quadratischen Matrix und der Existenz ihrer Inversen dar, der schließlich eine Aussage über die Existenz einer Lösung ermöglicht.

Satz: *Sei A eine $n \times n$-Matrix. Die Inverse A^{-1} existiert genau dann, wenn der Rang $r(A)$ von A gleich n ist.*

Die Aussage $r(A) = n$ besagt, daß die Matrix A vollen Rang hat, somit alle n Vektoren $A^1, \ldots, A^n$ linear unabhängig sind. Die Aussage der Existenz einer Lösung kann in diesem Fall sogar noch verschärft werden, denn es zeigt sich, daß dann genau eine Lösung existiert und diese von der Form $A^{-1} b$ ist.

Satz: *Sei $Ax = b$ ein inhomogenes Gleichungssystem, wobei A eine $n \times n$-Matrix mit vollem Rang $r(A) = n$ ist. Dann existiert genau eine Lösung des Gleichungssystems, und diese ist bestimmt durch*

$$x = A^{-1} b.$$

Die Eindeutigkeit der Lösung kann durch eine einfache Überlegung nachgewiesen werden. Angenommen, es gibt zwei unterschiedliche Lösungen x^1 und x^2. Dann ist $x^1 - x^2$ nicht der Nullvektor, und es gilt

$$A x^1 = b \quad \text{und} \quad A x^2 = b.$$

Durch Subtraktion der beiden Gleichungssystme erhält man

$$A x^1 - A x^2 = b - b = o,$$

bzw.

$$A(x^1 - x^2) = o.$$

Da $x^1 - x^2 \ne o$ ist, müssen die Vektoren $A^1, \ldots, A^n$ linear abhängig sein, was der Annahme $r(A) = n$ und damit der linearen Unabhängigkeit widerspricht. Damit ist die Eindeutigkeit bewiesen.

Beispiel: Gegeben sei ein einfaches makroökonomisches System

$$Y = C + I_0 + G_0$$
$$C = a + bY$$

wobei Y das Volkseinkommen, C der Konsum, a, b positive Konstante und I_0 und G_0 exogen vorgegebene autonome Investition und Staatsausgaben sind. Dabei sind Y und C die zu bestimmenden Werte. Schreibt man das Gleichungssystem in der Form

$$\begin{pmatrix} 1 & -1 \\ -b & 1 \end{pmatrix} \begin{pmatrix} Y \\ C \end{pmatrix} = \begin{pmatrix} I_0 + G_0 \\ a \end{pmatrix},$$

so ist die Lösung bestimmbar, falls die Systemmatrix eine Inverse besitzt. Ist die marginale Konsumquote b kleiner als eins, so überprüft man leicht, daß der Rang der Matrix zwei ist, die Inverse existiert und gegeben ist durch

$$\begin{pmatrix} 1 & -1 \\ -b & 1 \end{pmatrix}^{-1} = \begin{pmatrix} \dfrac{1}{1-b} & \dfrac{1}{1-b} \\ \dfrac{b}{1-b} & \dfrac{1}{1-b} \end{pmatrix}.$$

Als Lösung erhält man

$$\begin{pmatrix} Y \\ C \end{pmatrix} = \begin{pmatrix} \dfrac{1}{1-b} & \dfrac{1}{1-b} \\ \dfrac{b}{1-b} & \dfrac{1}{1-b} \end{pmatrix} \begin{pmatrix} I_0 + G_0 \\ a \end{pmatrix} = \begin{pmatrix} \dfrac{1}{1-b}(a + I_0 + G_0) \\ \dfrac{1}{1-b}[b(I_0 + G_0) + a] \end{pmatrix}.$$

3.2.3 Lösung von linearen Gleichungssystemen I

Der vorangegangene Abschnitt enthält die grundlegenden Resultate über die Existenz einer Lösung eines linearen Gleichungssystems, ohne eine generell verwendbare Methode darzustellen, die die Bestimmung einer Lösung erlaubt. Für den Fall eines inhomogenen Systems mit n Variablen und n Gleichungen, dessen Systemmatrix eine Inverse besitzt, wurde zwar die Existenz und Eindeutigkeit der Lösung gezeigt, ein Bestimmungsverfahren für die Inverse fehlte jedoch. Dies wird in Abschnitt 3.3.2 dargestellt. Zwei Methoden, die ohne eine Bestimmung der Inversen auskommen, stehen für die Bestimmung von Lösungen von linearen Gleichungssystemen zur Verfügung. Diese sind das sogenannte Gaußsche Eliminationsverfahren und die sogenannte Cramersche Regel. Da die Cramersche Regel als weiteres mathematisches Konzept Determinanten benötigt, die erst im nächsten Abschnitt dargestellt werden, enthält dieser Abschnitt eine Beschreibung der Gaußschen Eliminationsmethode.

Gegeben sei ein inhomogenes lineares Gleichungssystem $\mathbf{A}\mathbf{x} = \mathbf{b}$ mit n Gleichungen und n Unbekannten.

Man betrachte zunächst den Fall, bei dem die Matrix $\mathbf{A}$ von der speziellen Dreiecksform

$$\mathbf{A} = \begin{pmatrix} a_{11} & a_{12} & \cdots & a_{1n} \\ 0 & \ddots & & \vdots \\ \vdots & & \ddots & \vdots \\ 0 & \cdots & 0 & a_{nn} \end{pmatrix}$$

ist, bei der alle Elemente unterhalb der Hauptdiagonalen Null und die Elemente der Hauptdiagonalen $a_{11}, a_{22}, \ldots, a_{nn}$ von Null verschieden sind, d.h. $a_{ii} \neq 0$ für alle $i = 1, \ldots, n$ und $a_{ij} = 0$ für $i > j$. In ausgeschriebener Form ergibt dies das Gleichungssystem

$$\begin{aligned} a_{11}x_1 + a_{12}x_2 + a_{13}x_3 + \cdots + a_{1n}x_n &= b_1 \\ a_{22}x_2 + a_{23}x_3 + \cdots + a_{2n}x_n &= b_2 \\ a_{33}x_3 + \cdots + a_{3n}x_n &= b_3 \\ \ddots \quad \vdots &\quad \vdots \\ a_{nn}x_n &= b_n. \end{aligned}$$

Man erkennt leicht, daß in diesem Fall der Lösungswert von x_n gleich $\dfrac{b_n}{a_{nn}}$ sein muß. Damit ergibt sich jedoch durch Einsetzen dieses Wertes in die vorletzte Gleichung für x_{n-1}

$$x_{n-1} = \frac{1}{a_{n-1,n-1}}\left(b_{n-1} - a_{n-1,n} \cdot \frac{b_n}{a_{nn}}\right).$$

3 Lineare Algebra

Durch sukzessives Fortführen dieses Einsetzungsverfahrens kann man schließlich sämtliche Lösungswerte $x_1, \ldots, x_n$ bestimmen. Dies führt genau dann zum Erfolg, wenn alle Elemente der Hauptdiagonalen von Null verschieden sind.

Beispiel: Gegeben sei das Gleichungssystem

$$7u + 3v + 2x = 12,$$
$$5v + 4x = 0,$$
$$3x = 15.$$

Dann erhält man die Lösung $x = 5$, $v = -4$, $u = 2$.

Das Gaußsche Eliminationsverfahren stellt eine Methode dar, jedes inhomogene Gleichungssystem mit n Gleichungen und n Unbekannten in eine äquivalente Dreiecksform zu transformieren, aus der die Lösung durch sukzessives Einsetzen ermittelt werden kann, falls das Gleichungssystem eindeutig lösbar ist. Grundlage für die Überführung in die Dreiecksform ist die Addition von Gleichungen nach geeigneter Multiplikation mit einer von Null verschiedenen Zahl. Man betrachte hierzu das folgende System

$$a_{11}x_1 + a_{12}x_2 + \cdots + a_{1n}x_n = b_1$$
$$a_{21}x_1 + a_{22}x_2 + \cdots + a_{2n}x_n = b_2$$
$$\vdots \qquad \vdots \qquad \qquad \vdots \qquad \vdots$$
$$a_{n1}x_1 + a_{n2}x_2 + \cdots + a_{nn}x_n = b_n.$$

Falls alle Koeffizienten a_{i1}, $i = 1, \ldots, n$, gleich Null sind, ist das System nicht eindeutig lösbar, und das Verfahren ist abzubrechen. Andernfalls kann, nötigenfalls nach Zeilenvertauschung, angenommen werden, daß $a_{11} \neq 0$ ist. Sei dies der Fall.

Sofern $a_{21} \neq 0$ ist, addiert man das $\left(-\dfrac{a_{21}}{a_{11}}\right)$-fache der ersten Gleichung zur zweiten und erhält so in der zweiten Zeile eine neue Gleichung, bei der die Unbekannte x_1 den Koeffizienten Null hat. Die anderen Koeffizienten dieser Gleichung ergeben sich als

$$a_{2j}^{(1)} = a_{2j} - \frac{a_{21}}{a_{11}} a_{1j} \quad j = 2, \ldots, n$$

und

$$b_2^{(1)} = b_2 - \frac{a_{21}}{a_{11}} b_1.$$

In gleicher Weise behandelt man alle anderen Gleichungen, deren Koeffizient von x_1 nicht Null ist. Für eine beliebige Zeile i erhält man damit als neuen Koeffizienten nach dem ersten Eliminationsschritt

$$a_{ij}^{(1)} = a_{ij} - \frac{a_{i1}}{a_{11}} a_{1j}$$
$$b_i^{(1)} = b_i - \frac{a_{i1}}{a_{11}} b_1 \qquad i,j = 2, \ldots, n.$$

Für das daraus resultierende Gleichungssystem sind für die letzten (n − 1) Gleichungen sämtliche Koeffizienten der ersten Spalte gleich Null. In ausgeschriebener Form lautet das modifizierte Gleichungssystem damit

$$\begin{aligned}
a_{11}x_1 + a_{12}x_2 + a_{13}x_3 + \cdots + a_{1n}x_n &= b_1 \\
a_{22}^{(1)}x_2 + a_{23}^{(1)}x_3 + \cdots + a_{2n}^{(1)}x_n &= b_2^{(1)} \\
\vdots \qquad\qquad \vdots \qquad\qquad \vdots& \\
a_{n2}^{(1)}x_2 + a_{n3}^{(1)}x_3 + \cdots + a_{nn}^{(1)}x_n &= b_n^{(1)}.
\end{aligned}$$

Für die neuen Koeffizienten der zweiten Spalte gilt nun analog das zuvor für diejenigen der ersten Spalte gesagte. Falls alle $a_{2j}^{(1)}$, $j = 2, \ldots, n$, gleich Null sind, ist das Verfahren abzubrechen. Im anderen Falle kann angenommen werden, daß $a_{22}^{(1)} \neq 0$ ist. Dann können im zweiten Eliminationsschritt in analoger Weise alle Koeffizienten von x_2 der letzten (n − 2) Gleichungen durch geeignete Addition der zweiten Gleichung zu Null gemacht werden, in dem man das $\left(-\frac{a_{i2}^{(1)}}{a_{22}^{(1)}}\right)$-fache der zweiten Gleichung zur i-ten Gleichung addiert. Als neue Koeffizienten erhält man

$$a_{ij}^{(2)} = a_{ij}^{(1)} - \frac{a_{i2}^{(1)}}{a_{22}^{(1)}} a_{2j}^{(1)}, \quad b_i^{(2)} = b_i^{(1)} - \frac{a_{i2}^{(1)}}{a_{22}^{(1)}} b_2^{(1)}. \quad i,j = 3, \ldots, n.$$

Nach dem zweiten Eliminationsschritt lautet das neue Gleichungssystem

$$\begin{aligned}
a_{11}x_1 + a_{12}x_2 + a_{13}x_3 + \cdots + a_{1n}x_n &= b_1 \\
a_{22}^{(1)}x_2 + a_{23}^{(1)}x_3 + \cdots + a_{2n}^{(1)}x_n &= b_2^{(1)} \\
a_{33}^{(2)}x_3 + \cdots + a_{3n}^{(2)}x_n &= b_3^{(2)} \\
a_{43}^{(2)}x_3 + \cdots + a_{4n}^{(2)}x_n &= b_4^{(2)} \\
\vdots \qquad\qquad \vdots& \\
a_{n3}^{(2)}x_3 + \cdots + a_{nn}^{(2)}x_n &= b_n^{(2)}.
\end{aligned}$$

94 3 Lineare Algebra

Setzt man dieses Verfahren fort, so erhält man bei eindeutiger Lösbarkeit nach (n − 1) Eliminationsschritten das Gleichungssystem in Dreiecksform

$$\begin{aligned}
a_{11}x_1 + a_{12}x_2 + a_{13}x_3 + \cdots + a_{1n}x_n &= b_1 \\
a_{22}^{(1)}x_2 + a_{23}^{(1)}x_3 + \cdots + a_{2n}^{(1)}x_n &= b_2^{(1)} \\
a_{33}^{(2)}x_3 + \cdots + a_{3n}^{(2)}x_n &= b_3^{(2)} \\
\vdots \qquad &\vdots \\
a_{nn}^{(n-1)}x_n &= b_n^{(n-1)}.
\end{aligned}$$

Aus der letzten Gleichung erhält man unmittelbar den Lösungswert von x_n und durch sukzessives Einsetzen ergeben sich die Werte für $x_{n-1}, \ldots, x_1$.

Beispiel: Gegeben sei das Gleichungssystem

$$\begin{aligned}
7u + 3v + 2x &= 12 \\
14u + 11v + 8x &= 24 \\
20v + 19x &= 15.
\end{aligned}$$

Die Multiplikation der ersten Gleichung mit −2 und Addition zur zweiten Gleichung ergibt nach dem ersten Eliminationsschritt

$$\begin{aligned}
7u + 3v + 2x &= 12 \\
5v + 4x &= 0 \\
20v + 19x &= 15.
\end{aligned}$$

Durch Multiplikation der zweiten Gleichung mit −4 und Addition zur dritten Gleichung erhält man die Dreiecksform

$$\begin{aligned}
7u + 3v + 2x &= 12 \\
5v + 4x &= 0 \\
3x &= 15.
\end{aligned}$$

mit der Lösung $x = 5$, $v = -4$, $u = 2$.

Beispiel: In einem offenen Input-Output-Modell werden in drei Industriebereichen drei verschiedene Produkte hergestellt, die selbst wiederum zur Produktion als Inputs erforderlich sind. Alle drei Produktionsprozesse weisen fixe Produktionskoeffizienten und konstante Skalenerträge auf. Um eine Einheit des Outputs $j = 1, \ldots, 3$ zu produzieren, benötigt man a_{ij} Einheiten des Faktors $i = 1, \ldots, 3$. Die Input-Output-

Matrix ist dann

$$\text{Input} \begin{pmatrix} a_{11} & a_{12} & a_{13} \\ a_{21} & a_{22} & a_{23} \\ a_{31} & a_{32} & a_{33} \end{pmatrix}.$$

mit Spaltenbeschriftung Output.

Die Endnachfrage nach dem Produkt eines jeden Sektors sei d_1, d_2, d_3. Ein Produktionsplan (x_1, x_2, x_3), der sowohl den intersektoralen Inputbedarf als auch die Endnachfrage befriedigt, muß demnach das folgende Gleichungssystem erfüllen.

$$\begin{aligned} x_1 &= a_{11}x_1 + a_{12}x_2 + a_{13}x_3 + d_1 \\ x_2 &= a_{21}x_1 + a_{22}x_2 + a_{23}x_3 + d_2 \\ x_3 &= a_{31}x_1 + a_{32}x_2 + a_{33}x_3 + d_3. \end{aligned}$$

Dieses kann auch in der Form

$$\begin{aligned} (1-a_{11})x_1 - a_{12}x_2 - a_{13}x_3 &= d_1 \\ -a_{21}x_1 + (1-a_{22})x_2 - a_{23}x_3 &= d_2 \\ -a_{31}x_1 - a_{32}x_2 + (1-a_{33})x_3 &= d_3 \end{aligned}$$

geschrieben werden. Die Input-Output-Matrix und die Endnachfrage seien durch die numerischen Werte

$$A = \begin{pmatrix} 0{,}4 & 0{,}1 & 0{,}3 \\ 0 & 0{,}2 & 0{,}2 \\ 0{,}3 & 0{,}4 & 0 \end{pmatrix} \quad d = \begin{pmatrix} 10 \\ 5 \\ 6 \end{pmatrix}$$

gegeben. Zu bestimmen ist der die Endnachfrage befriedigende Produktionsplan (x_1, x_2, x_3).

Als Gleichungssystem erhält man

$$\begin{aligned} +0{,}6x_1 - 0{,}1x_2 - 0{,}3x_3 &= 10 \\ +0{,}8x_2 - 0{,}2x_3 &= 5 \\ -0{,}3x_1 - 0{,}4x_2 + x_3 &= 6. \end{aligned}$$

Multipliziert man zur Vereinfachung des Rechenvorgangs jede Gleichung mit 10, so ergibt der erste Eliminationsschritt das System

$$\begin{aligned} 6x_1 - x_2 - 3x_3 &= 100 \\ 8x_2 - 2x_3 &= 50 \\ -\tfrac{9}{2}x_2 + \tfrac{17}{2}x_3 &= 110. \end{aligned}$$

Multiplikation der zweiten Gleichung mit $\frac{9}{16}$ und Addition zur dritten ergibt nach dem zweiten Eliminationsschritt das Gleichungssystem in Dreiecksform

$$6x_1 - x_2 - 3x_3 = 100$$
$$8x_2 - 2x_3 = 50$$
$$\frac{59}{8}x_3 = \frac{1105}{8}.$$

Daraus erhält man als Lösung

$$x_3 = \frac{1105}{59}, \quad x_2 = \frac{645}{59}, \quad x_1 = \frac{9860}{354}.$$

Um die Endnachfrage von (10, 5, 6) zu befriedigen, sind demnach wesentlich mehr Mengeneinheiten jedes Outputs erforderlich als die Endnachfrage selbst, d.h.

$$x_1 \approx 27{,}9, \quad x_2 \approx 10{,}9, \quad x_3 \approx 18{,}7.$$

3.3 Determinanten

Eine andere Methode zur Berechnung von Lösungen inhomogener Gleichungssysteme, die Cramersche Regel, verwendet als weiteres mathematisches Konzept Determinanten, die auch zur Bestimmung der Inversen einer Matrix eingesetzt werden können. In beiden Fällen liegt der Vorteil der Verwendung von Determinanten darin, daß auf diese Weise geschlossene algebraische Ausdrücke entstehen.

In Abschnitt 3.3.1 werden zunächst Determinanten für 2×2- und 3×3-Matrizen mit ihren Eigenschaften dargestellt. Erst danach wird der allgemeine Fall für $n \times n$-Matrizen beschrieben. Die nachfolgenden Unterabschnitte sind neben einigen zusätzlichen Aspekten dann den Berechnungsmethoden von Lösungen linearer Gleichungssysteme und der Inversen einer Matrix gewidmet.

3.3.1 Definition und Eigenschaften von Determinanten

Sei

$$\mathbf{A} = \begin{pmatrix} a & b \\ c & d \end{pmatrix}$$

eine 2×2-Matrix. Dann ist die *Determinante* von **A** der Ausdruck a d − b c. Als Schreibweise verwendet man det **A** oder auch

$$\begin{vmatrix} a & b \\ c & d \end{vmatrix}.$$

Zum Beispiel hat die Matrix

$$\mathbf{A} = \begin{pmatrix} 3 & 2 \\ -7 & 1 \end{pmatrix}$$

die Determinante

$$\det \mathbf{A} = \begin{vmatrix} 3 & 2 \\ -7 & 1 \end{vmatrix} = 3 - (-7)2 = 17.$$

Die Determinante einer Matrix ist somit eine Zahl. Deshalb kann man die Determinante auch als Abbildung von der Menge der quadratischen Matrizen in die reellen Zahlen auffassen. Die folgenden Eigenschaften von Determinanten beliebiger n × n-Matrizen (die noch zu definieren sind), lassen sich im 2 × 2-Fall durch einfaches Nachrechnen überprüfen.

Satz: *Sei*

$$\mathbf{A} = \begin{pmatrix} a & b \\ c & d \end{pmatrix}$$

eine 2×2-Matrix. Dann gilt

(i) *Ist **A** die Einheitsmatrix, dann ist* det **A** = 1.
(ii) *det **A** = 0 gilt genau dann, wenn die beiden Spaltenvektoren linear abhängig sind.*
(iii) *Addiert man zu einer Spalte (Zeile) ein beliebiges Vielfaches der anderen Spalte (Zeile), so bleibt* det **A** *unverändert, d.h. für* α ∈ ℝ *gilt*

$$\begin{vmatrix} a + \alpha b & b \\ c + \alpha d & d \end{vmatrix} = \begin{vmatrix} a & b \\ c & d \end{vmatrix},$$

bzw.

$$\begin{vmatrix} a + \alpha c & b + \alpha d \\ c & d \end{vmatrix} = \begin{vmatrix} a & b \\ c & d \end{vmatrix}.$$

(iv) *Multipliziert man eine Spalte (Zeile) mit einer reellen Zahl* α, *dann erhält man das* α-*fache der Determinante, d.h.*

$$\begin{vmatrix} \alpha a & b \\ \alpha c & d \end{vmatrix} = \alpha \begin{vmatrix} a & b \\ c & d \end{vmatrix}.$$

Die Aussage (ii) beinhaltet bereits eine wesentliche Information. Sie besagt, daß die Spaltenvektoren der Matrix genau dann linear unabhängig sind, wenn die Determinante von Null verschieden ist.

Für den Fall einer 3 × 3 Matrix gilt die folgende Formel als Definition der zugehörigen Determinante. Sei

$$A = \begin{pmatrix} a_{11} & a_{12} & a_{13} \\ a_{21} & a_{22} & a_{23} \\ a_{31} & a_{32} & a_{33} \end{pmatrix}.$$

Dann ist

$$\det A = \begin{vmatrix} a_{11} & a_{12} & a_{13} \\ a_{21} & a_{22} & a_{23} \\ a_{31} & a_{32} & a_{33} \end{vmatrix} = a_{11} \begin{vmatrix} a_{22} & a_{23} \\ a_{32} & a_{33} \end{vmatrix} - a_{12} \begin{vmatrix} a_{21} & a_{23} \\ a_{31} & a_{33} \end{vmatrix} + a_{13} \begin{vmatrix} a_{21} & a_{22} \\ a_{31} & a_{32} \end{vmatrix}.$$

Die Systematik dieser Definition läßt sich leichter aus der folgenden Form erkennen. Bezeichne A_{ij} die Untermatrix von A, die man durch Eliminierung der i-ten Zeile und der j-ten Spalte erhält. Dann erkennt man in der obigen Definition, daß

$$\det A = a_{11} \det A_{11} - a_{12} \det A_{12} + a_{13} \det A_{13}$$

ist. Als Beispiel betrachte man die Matrix

$$A = \begin{pmatrix} 3 & 2 & 0 \\ 4 & -1 & 2 \\ 5 & 3 & 1 \end{pmatrix}.$$

Dann ist

$$\begin{vmatrix} 3 & 2 & 0 \\ 4 & -1 & 2 \\ 5 & 3 & 1 \end{vmatrix} = 3 \begin{vmatrix} -1 & 2 \\ 3 & 1 \end{vmatrix} - 2 \begin{vmatrix} 4 & 2 \\ 5 & 1 \end{vmatrix} + 0 \begin{vmatrix} 4 & -1 \\ 5 & 3 \end{vmatrix}$$

$$= 3(-1 - 6) - 2(4 - 10) + 0(12 + 5)$$

$$= -9.$$

Die hier verwendete Formel ist die sogenannte Entwicklung der Matrix nach der ersten Zeile, denn als Koeffizienten der 2 × 2-Matrizen in der Definition erscheinen gerade die Elemente der ersten Zeile von A, jedoch mit alternierendem Vorzeichen. Es läßt sich nun zeigen, daß es für die Determinante von A unerheblich ist, nach welcher Zeile oder sogar

3.3 Determinanten

Spalte von **A** die Determinante entwickelt wird, da sich stets derselbe Zahlenwert det **A** ergibt. Voraussetzung dafür ist jedoch, daß eine bestimmte Vorzeichenabfolge für die jeweiligen Koeffizienten der Untermatrix gewählt wird. Dieses Vorzeichen ist für den Index (i,j) dann positiv, wenn i + j eine gerade Zahl und negativ, wenn i + j eine ungerade Zahl ist, d.h. das Vorzeichen ist jeweils dasjenige des Ausdrucks $(-1)^{i+j}$. Sei zum Beispiel

$$\mathbf{A} = \begin{pmatrix} 2 & 0 & 7 \\ 3 & 1 & 2 \\ 4 & -3 & 5 \end{pmatrix}.$$

Dann ergibt sich aus der Entwicklung nach der zweiten Spalte

$$\det \mathbf{A} = (-1)^{1+2} 0 \begin{vmatrix} 3 & 2 \\ 4 & 5 \end{vmatrix} + (-1)^{2+2} 1 \begin{vmatrix} 2 & 7 \\ 4 & 5 \end{vmatrix}$$
$$+ (-1)^{3+2} (-3) \begin{vmatrix} 2 & 7 \\ 3 & 2 \end{vmatrix}$$
$$= 0 + (10 - 28) + 3(4 - 21)$$
$$= -69.$$

Bei der numerischen Berechnung der Determinante erweist es sich meist als zweckmäßig, bei der Entwicklung eine solche Spalte bzw. Zeile herauszusuchen, die möglichst viele Nullkomponenten enthält, da der Rechenaufwand dadurch verringert wird.

Mit dem bisher entwickelten Verfahren läßt sich nun leicht die Definition der Determinante einer beliebigen n × n-Matrix angeben. Da die Determinante jeder 3 × 3-Matrix durch eine Spalten- bzw. Zeilenentwicklung eine gewichtete Summe von Determinanten der Ordnung 2 × 2 ergibt, liefert das gleiche Verfahren bei einer 4 × 4-Matrix eine gewichtete Summe von Determinanten der Ordnung 3 × 3, die selbst wieder entsprechend entwickelt werden können. Induktiv führt somit die Entwicklung einer Determinante der Ordnung n × n auf eine gewichtete Summe von Determinanten der Ordnung (n − 1) × (n − 1) usw. Dabei ist für jede Entwicklung jede beliebige Zeile bzw. Spalte zulässig. Für den allgemeinen Fall erhält man damit folgendes Berechnungsverfahren. Sei

$$\mathbf{A} = \begin{pmatrix} a_{11} & \cdots & \overset{j}{\cdots} & a_{1n} \\ \vdots & & \vdots & \vdots \\ \cdots & & a_{ij} & \cdots \\ \vdots & & \vdots & \vdots \\ a_{n1} & \cdots & \cdots & a_{nn} \end{pmatrix} i$$

eine n × n Matrix und A_{ij} diejenige (n − 1) × (n − 1) Untermatrix, die man durch Ausstreichen der i-ten Zeile und der j-ten Spalte erhält. Dann ist die Determinante von **A** bei einer Entwicklung z.B. nach der k-ten Zeile definiert als

$$\det \mathbf{A} = (-1)^{k+1} a_{k1} \det \mathbf{A}_{k1} + \cdots + (-1)^{k+n} a_{kn} \det \mathbf{A}_{kn}.$$

det **A** ist also die gewichtete Summe der Determinanten der (n − 1) × (n − 1) Untermatrizen, wobei unter Berücksichtigung des Vorzeichens das jeweilige Element der gewählten Zeile mit der Determinante der zugehörigen Untermatrix multipliziert wird. Als Beispiel betrachte man die 4 × 4-Matrix

$$\begin{pmatrix} 1 & -3 & 3 & 0 \\ 0 & 1 & 2 & 2 \\ 2 & 0 & -5 & 0 \\ 3 & 4 & -1 & 1 \end{pmatrix}.$$

Dann ist bei einer Entwicklung nach der ersten Zeile

$$\begin{vmatrix} 1 & -3 & 3 & 0 \\ 0 & 1 & 2 & 2 \\ 2 & 0 & -5 & 0 \\ 3 & 4 & -1 & 1 \end{vmatrix} = 1 \begin{vmatrix} 1 & 2 & 2 \\ 0 & -5 & 0 \\ 4 & -1 & 1 \end{vmatrix}$$

$$+ 3 \begin{vmatrix} 0 & 2 & 2 \\ 2 & -5 & 0 \\ 3 & -1 & 1 \end{vmatrix} + 3 \begin{vmatrix} 0 & 1 & 2 \\ 2 & 0 & 0 \\ 3 & 4 & 1 \end{vmatrix}$$

$$= 1(-5) \begin{vmatrix} 1 & 2 \\ 4 & 1 \end{vmatrix} + 3(-2) \begin{vmatrix} 2 & 0 \\ 3 & 1 \end{vmatrix}$$

$$+ (3)(2) \begin{vmatrix} 2 & -5 \\ 3 & -1 \end{vmatrix} + 3(-2) \begin{vmatrix} 1 & 2 \\ 4 & 1 \end{vmatrix}$$

$$= 1(-5)(1-8) + 3(-2)(2)$$
$$+ 3(2)(-2+15) + 3(-2)(1-8)$$
$$= 35 - 12 + 78 + 42 = 143.$$

Das hier dargestellte Berechnungsverfahren stellt einen einfachen, wenn auch gegebenenfalls langwierigen Prozeß der Ermittlung der Determinante einer beliebigen quadratischen Matrix dar. Die damit gegebene Definition ist eindeutig in dem Sinne, daß auf jeder beliebigen Berechnungsstufe zur Entwicklung jede beliebige Zeile oder Spalte gewählt werden kann und das Resultat stets das gleiche ist. Die in dem vorangegangenen Satz enthaltenen Aussagen über 2 × 2 Matrizen gelten auch im allgemeinen Fall und sollen deshalb noch einmal zusammengefaßt werden.

Satz: *Sei* **A** *eine beliebige* n × n *Matrix*
(i) *Ist* **A** *die Einheitsmatrix* I_n, *dann ist* det **A** = det I_n = 1.
(ii) *Sind zwei beliebige Spalten bzw. Zeilen gleich oder linear abhängig, dann ist* det **A** = 0.
(iii) *Die Spalten- bzw. Zeilenvektoren der Matrix sind genau dann linear unabhängig, wenn* det **A** ≠ 0 *ist.*
(iv) *Fügt man zu einer beliebigen Spalte (bzw. Zeile) ein beliebiges Vielfaches einer anderen Spalte (bzw. Zeile) hinzu, so bleibt die Determinante unverändert.*
(v) *Multipliziert man eine beliebige Spalte (bzw. Zeile) mit einer reellen Zahl* α, *dann erhält man das* α-*fache der ursprünglichen Determinante.*

Die beiden wichtigsten Aussagen für die Probleme im vorangegangenen Abschnitt sind ohne Zweifel die Resultate (ii) und (iii). Aus (ii) in Verbindung mit (iv) und (v) kann man leicht zeigen, daß eine Matrix mit einer Spalte (bzw. Zeile) aus lauter Nullen erzeugt werden kann. Eine solche Matrix hat natürlich eine Determinante von Null, da die Entwicklung nach dieser Spalte bzw. Zeile zu einer Summe aus Nullen führt. Die Eigenschaft (iii) stellt einen Zusammenhang zwischen der Determinante, dem Rang und der Existenz der Inversen einer Matrix her. Die Determinante einer n × n-Matrix ist genau dann von Null verschieden, wenn die Vektoren der Matrix linear unabhängig sind, und dies liegt genau dann vor, wenn der Rang gleich n ist. Letzteres aber ist gleichbedeutend mit der Existenz der Inversen. Andererseits folgt daraus, daß der Rang einer beliebigen (nicht notwendigerweise quadratischen) Matrix gleich der Zeilen- bzw. Spaltenzahl der größten quadratischen Untermatrix ist, deren Determinante nicht Null ist.

3.3.2 Lösung von linearen Gleichungssystemen II

Mit Hilfe von Determinanten lassen sich nun Berechnungsverfahren zur Bestimmung der Lösung eines inhomogenen Gleichungssystems und zur Bestimmung der Inversen einer quadratischen Matrix angeben. Letzteres war in Abschnitt 3.2.2 als eine mögliche Vorgehensweise zur Lösung eines Gleichungssystems erwähnt worden, denn bei Kenntnis der Inversen erhält man die Lösung durch eine einfache Multiplikation. Die *Cramersche Regel* ist ein Verfahren, bei der die Matrizeninversion entfällt, die jedoch im Gegensatz zum Gaußschen Eliminationsverfahren die Bestimmung von Determinanten benötigt.

Satz: (Cramersche Regel): *Sei*

$$Ax = x_1 A^1 + \cdots + x_n A^n = \begin{pmatrix} b_1 \\ \vdots \\ b_n \end{pmatrix}$$

ein inhomogenes Gleichungssystem, wobei A *eine* $n \times n$-*Matrix ist. Falls* $\det A \neq 0$ *ist, dann ist die Lösung* $x_1, \ldots, x_n$ *bestimmt durch*

$$x_j = \frac{\det(A^1, \ldots, A^{j-1}, b, A^{j+1}, \ldots, A^n)}{\det A}, \quad j = 1, \ldots, n.$$

Mit anderen Worten: x_j ist als Quotient zweier Determinanten bestimmt, wobei im Nenner $\det A$ und im Zähler die Determinante derjenigen Matrix steht, die aus A durch Ersetzung der j-ten Spalte durch den Vektor b entsteht.

$$x_j = \frac{\begin{vmatrix} a_{11} & \ldots & b_1 & \ldots & a_{1n} \\ \vdots & & \vdots & & \vdots \\ a_{n1} & \ldots & b_n & \ldots & a_{nn} \end{vmatrix}}{\begin{vmatrix} a_{11} & \ldots & a_{1j} & \ldots & a_{1n} \\ \vdots & & \vdots & & \vdots \\ a_{n1} & \ldots & a_{nj} & \ldots & a_{nn} \end{vmatrix}} \quad j = 1, \ldots, n.$$

Beispiel: Gegeben sei das Gleichungssystem:

$$3x_1 + x_2 - x_3 = 0$$
$$x_1 + x_2 + x_3 = 0$$
$$x_2 - x_3 = 1.$$

In Matrixschreibweise lautet es

$$\begin{pmatrix} 3 & 1 & -1 \\ 1 & 1 & 1 \\ 0 & 1 & -1 \end{pmatrix} \begin{pmatrix} x_1 \\ x_2 \\ x_3 \end{pmatrix} = \begin{pmatrix} 0 \\ 0 \\ 1 \end{pmatrix}.$$

Nach der Cramerschen Regel erhält man

$$x_1 = \frac{\begin{vmatrix} 0 & 1 & -1 \\ 0 & 1 & 1 \\ 1 & 1 & -1 \end{vmatrix}}{\begin{vmatrix} 3 & 1 & -1 \\ 1 & 1 & 1 \\ 0 & 1 & -1 \end{vmatrix}}, \quad x_2 = \frac{\begin{vmatrix} 3 & 0 & -1 \\ 1 & 0 & 1 \\ 0 & 1 & -1 \end{vmatrix}}{\begin{vmatrix} 3 & 1 & -1 \\ 1 & 1 & 1 \\ 0 & 1 & -1 \end{vmatrix}}, \quad x_3 = \frac{\begin{vmatrix} 3 & 1 & 0 \\ 1 & 1 & 0 \\ 0 & 1 & 1 \end{vmatrix}}{\begin{vmatrix} 3 & 1 & -1 \\ 1 & 1 & 1 \\ 0 & 1 & -1 \end{vmatrix}}$$

und damit $x_1 = -\frac{1}{3}$, $x_2 = +\frac{2}{3}$, $x_3 = -\frac{1}{3}$.

Beispiel: Gegeben sei ein System von zwei interdependenten Märkten mit linearen Angebots- und Nachfragefunktionen, für das die Gleichgewichtspreise und Gleichgewichtsmengen zu bestimmen sind. Die beiden Angebotsfunktionen lauten

$$x_1 = a_1 + b_1 p_1,$$
$$x_2 = a_2 + b_2 p_2.$$

Die beiden Nachfragefunktionen lauten

$$x_1 = c_1 - d_1 p_1 + e_1 p_2,$$
$$x_2 = c_2 + d_2 p_1 - e_2 p_2.$$

Alle Konstanten a_i, b_i, c_i, d_i, e_i, $i = 1, 2$, seien positiv. In Matrixschreibweise erhält man

$$\begin{pmatrix} 1 & 0 & -b_1 & 0 \\ 0 & 1 & 0 & -b_2 \\ 1 & 0 & d_1 & -e_1 \\ 0 & 1 & -d_2 & e_2 \end{pmatrix} \begin{pmatrix} x_1 \\ x_2 \\ p_1 \\ p_2 \end{pmatrix} = \begin{pmatrix} a_1 \\ a_2 \\ c_1 \\ c_2 \end{pmatrix}.$$

Sei **A** die 4 × 4-Matrix des Systems. Entwicklung nach der 1. Zeile liefert

$$\det \mathbf{A} = \begin{vmatrix} 1 & 0 & -b_2 \\ 0 & d_1 & -e_1 \\ 1 & -d_2 & e_2 \end{vmatrix} - b_1 \begin{vmatrix} 0 & 1 & -b_2 \\ 1 & 0 & -e_1 \\ 0 & 1 & e_2 \end{vmatrix}$$
$$= (d_1 e_2 - e_1 d_2) + d_1 b_2 + b_1 (e_2 + b_2).$$

Sei $d_1 e_2 - e_1 d_2 \geqq 0$. Dann ist $\det \mathbf{A} \neq 0$, und das System besitzt eine eindeutige Lösung. Anwendung der Cramerschen Regel führt zur Lösung

$$x_1 = \frac{\begin{vmatrix} a_1 & 0 & -b_1 & 0 \\ a_2 & 1 & 0 & -b_2 \\ c_1 & 0 & d_1 & -e_1 \\ c_2 & 1 & -d_2 & e_2 \end{vmatrix}}{\det A}, \quad x_2 = \frac{\begin{vmatrix} 1 & a_1 & -b_1 & 0 \\ 0 & a_2 & 0 & -b_2 \\ 1 & c_1 & d_1 & -e_1 \\ 0 & c_2 & -d_2 & e_2 \end{vmatrix}}{\det A},$$

$$p_1 = \frac{\begin{vmatrix} 1 & 0 & a_1 & 0 \\ 0 & 1 & a_2 & -b_2 \\ 1 & 0 & c_1 & -e_1 \\ 0 & 1 & c_2 & e_2 \end{vmatrix}}{\det A}, \quad p_2 = \frac{\begin{vmatrix} 1 & 0 & -b_1 & a_1 \\ 0 & 1 & 0 & a_2 \\ 1 & 0 & d_1 & c_1 \\ 0 & 1 & -d_2 & c_2 \end{vmatrix}}{\det A}.$$

Verwendet man als Werte für die Konstanten

$$a_1 = 2, \quad b_1 = 2, \quad c_1 = 4, \quad d_1 = 1, \quad e_1 = \tfrac{1}{4},$$
$$a_2 = 4, \quad b_2 = \tfrac{1}{2}, \quad c_2 = 7, \quad d_2 = 1, \quad e_2 = \tfrac{1}{2},$$

so erhält man als Lösung

$$x_1 = 4, \quad x_2 = 6, \quad p_1 = 1, \quad p_2 = 4.$$

Die Voraussetzung des Satzes, der die Cramersche Regel liefert, impliziert, daß die Matrix eine Inverse besitzt. In diesem Fall war bereits festgehalten worden, daß die Lösung des linearen Gleichungssystems direkt durch Multiplikation mit der Inversen ermittelt werden kann. Für das System $Ax = b$ ergab sich als eindeutige Lösung $x = A^{-1}b$. Wenn also die Inverse A^{-1} bestimmt werden kann, dann ist die Bestimmung der Lösung ebenfalls nur ein elementarer Rechenvorgang. Es zeigt sich, daß wiederum mit Hilfe der Determinanten ein Verfahren zur Bestimmung der Inversen einer Matrix gefunden werden kann, das im folgenden Satz angegegeben wird.

Satz: *Sei* $A = (a_{ij})$ *eine* n × n *Matrix, deren Determinante* $\det A$ *von Null verschieden ist. Sei* e_j *der j-te Einheitsvektor. Dann ist die Matrix* $B = (b_{ij})$, *deren Komponenten* b_{ij} *definiert sind durch*

$$b_{ij} = \frac{\det(A^1, \ldots, A^{i-1}, e_j, A^{i+1}, \ldots, A^n)}{\det A}, \quad j = 1, \ldots, n.$$

die Inverse der Matrix A.

3.3 Determinanten

Man erkennt in diesem Satz, daß für die Bestimmung einer einzelnen Komponente der Inversen ein ähnliches Verfahren wie bei der Cramerschen Regel angewendet wird. Ausführlich geschrieben erhält man

$$b_{ij} = \frac{\begin{vmatrix} a_{11} & \ldots & 0 & \ldots & a_{1n} \\ \vdots & & \vdots & & \vdots \\ a_{j1} & \ldots & 1 & \ldots & a_{jn} \\ \vdots & & \vdots & & \vdots \\ a_{n1} & \ldots & 0 & \ldots & a_{nn} \end{vmatrix}}{\begin{vmatrix} a_{11} & \ldots & \ldots & a_{1n} \\ \vdots & & & \vdots \\ a_{n1} & \ldots & \ldots & a_{nn} \end{vmatrix}},$$

wobei die i-te Spalte und die j-te Zeile hervorgehoben sind,

d.h. das (i,j)-te Element der Inversen $\mathbf{A}^{-1}$ ist gleich dem Quotienten zweier Determinanten, wobei der Nenner gleich $\det \mathbf{A}$ ist und der Zähler aus derjenigen Matrix ermittelt wird, die entsteht, wenn man die i-te Spalte von $\mathbf{A}$ durch den j-ten Einheitsvektor ersetzt.

Beispiel: Man betrachte die Matrix

$$\begin{pmatrix} 3 & -1 \\ 1 & 4 \end{pmatrix}.$$

Dann erhält man

$$b_{11} = \frac{\begin{vmatrix} 1 & -1 \\ 0 & 4 \end{vmatrix}}{\begin{vmatrix} 3 & -1 \\ 1 & 4 \end{vmatrix}}, \quad b_{12} = \frac{\begin{vmatrix} 0 & -1 \\ 1 & 4 \end{vmatrix}}{\begin{vmatrix} 3 & -1 \\ 1 & 4 \end{vmatrix}},$$

$$b_{21} = \frac{\begin{vmatrix} 3 & -1 \\ 1 & 0 \end{vmatrix}}{\begin{vmatrix} 3 & -1 \\ 1 & 4 \end{vmatrix}}, \quad b_{22} = \frac{\begin{vmatrix} 3 & 0 \\ 1 & 1 \end{vmatrix}}{\begin{vmatrix} 3 & -1 \\ 1 & 4 \end{vmatrix}}.$$

Dies ergibt

$$\mathbf{B} = \begin{pmatrix} \frac{4}{13} & \frac{1}{13} \\ -\frac{1}{13} & \frac{3}{13} \end{pmatrix}.$$

Als Produkt **A B** folgt

$$\begin{pmatrix} 3 & -1 \\ 1 & 4 \end{pmatrix} \begin{pmatrix} \frac{4}{13} & \frac{1}{13} \\ -\frac{1}{13} & \frac{3}{13} \end{pmatrix} = \begin{pmatrix} 1 & 0 \\ 0 & 1 \end{pmatrix},$$

so daß **B** tatsächlich die Inverse zu **A** ist.

Zum Abschluß dieses Abschnitts sollen die drei möglichen Verfahren zur Bestimmung der Lösung eines inhomogenen Gleichungssystems einander gegenübergestellt werden. Alle drei Verfahren, das Gaußsche Eliminationsverfahren, die Cramersche Regel und die Bestimmung der Inversen beinhalten elementare Rechenoperationen, die heute von modernen Rechenanlagen ohne Schwierigkeiten ausgeführt werden können. Vorteile der einen gegenüber einer der anderen Methoden lassen sich generell für die manuelle Berechnung nicht feststellen. Für Systeme mit zwei oder drei Gleichungen und Variablen ist die Bestimmung der Determinanten nicht sehr aufwendig und vergleichbar mit dem Rechenaufwand im Gaußschen Verfahren. Große Gleichungssysteme erfordern jedoch im Fall der Cramerschen Regel und der Inversenbestimmung die Berechnung großer Determinanten, was sehr aufwendig sein kann, so daß das Gaußsche Verfahren vorzuziehen ist. Andererseits liefert letzteres keinen geschlossenen analytischen Ausdruck für die Lösung. Bei zahlreichen ökonomischen Anwendungen ist es erforderlich, Lösungen für die gleiche Systemmatrix aber für verschiedene rechte Seiten des Gleichungssystems zu bestimmen. In einem solchen Fall ist möglicherweise das Verfahren mit der Inversenbestimmung vorzuziehen, da diese nur einmal berechnet werden muß. Die verschiedenen Lösungen können dann durch einfache Multiplikation ermittelt werden. Dagegen müßte bei Verwendung des Gaußschen Verfahrens oder der Cramerschen Regel jeweils das gesamte Rechenverfahren in jedem einzelnen Fall erneut durchgeführt werden.

3.3.3 Quadratische Formen

In der Theorie der Optimierung werden häufig Matrizen mit bestimmten Eigenschaften verwendet, um den Verlauf von Funktionen zu beschreiben. Eine dieser Eigenschaften ist die *positive* bzw. *negative Definitheit* von symmetrischen Matrizen. Eine n × n-Matrix **A** = (a_{ij}) heißt *symmetrisch*, wenn für alle Paare (i, j) die Gleichhheit $a_{ij} = a_{ji}$ gilt. Eine *quadra-*

tische Form bezüglich der symmetrischen Matrix A ist das Produkt

$$(x_1, \ldots, x_n) A \begin{pmatrix} x_1 \\ \vdots \\ x_n \end{pmatrix}.$$

Bezeichnet man mit x' den zum Spaltenvektor x gehörigen Zeilenvektor, so lautet die quadratische Form $x'Ax$. Man erkennt leicht aus den Regeln der Matrizenmultiplikation, daß dieser Ausdruck eine Zahl ist und daß stets Ausdrücke mit den Faktoren $x_i x_j$ auftreten (deshalb der Name quadratische Form). Besitzt der Ausdruck entweder ein positives oder ein negatives Vorzeichen für alle beliebig wählbaren x, so spricht man von einer *positiv definiten* oder einer *negativ definiten* Form. Für eine symmetrische Matrix, die einer dieser Bedingungen genügt, verwendet man dann den Ausdruck positiv definite oder negativ definite Matrix. Ist der Wert Null ebenfalls zugelassen, so spricht man von Semi-Definitheit.

Definition: *Eine symmetrische Matrix*

$$A = \begin{pmatrix} a_{11} & \ldots & a_{1n} \\ \vdots & & \vdots \\ a_{n1} & \ldots & a_{nn} \end{pmatrix}$$

heißt negativ semi-definit bzw. positiv semi-definit, falls für alle Vektoren $h \in \mathbb{R}^n$

$$h'Ah \leq 0, \quad bzw. \quad h'Ah \geq 0$$

gilt.

Zur Überprüfung der Semi-Definitheit benutzt man oft ein anderes Kriterium, daß hinreichend für negative bzw. positive Definitheit (und damit für Semi-Definitheit) ist. Dazu betrachtet man die als Hauptminoren A_i, $i = 1, \ldots, n$, bezeichneten Unterdeterminanten der Matrix A. Unter dem *Hauptminor* A_i von A versteht man diejenige Determinante der Untermatrix von A, die man aus A durch die Eliminierung der letzten $(n - i)$ Zeilen und Spalten erhält. A_1 ist damit gerade a_{11},

$$A_2 = \begin{vmatrix} a_{11} & a_{12} \\ a_{21} & a_{22} \end{vmatrix},$$

$$A_3 = \begin{vmatrix} a_{11} & a_{12} & a_{13} \\ a_{21} & a_{22} & a_{23} \\ a_{31} & a_{32} & a_{33} \end{vmatrix},$$

usw. und $A_n = |A|$.

Satz: *Falls für alle* $i = 1, \ldots, n$

$$(-1)^i A_i > 0$$

gilt, so ist die Matrix **A** *negativ definit.*

Man sieht, daß die negative Definitheit aus einer bestimmten alternierenden Vorzeichenabfolge der Hauptminoren folgt, nämlich $A_1 < 0$, $A_2 > 0$, $A_3 < 0, \ldots, (-1)^n A_n > 0$.

Satz: A *ist positiv definit, falls* $A_i > 0$ *für alle* $i = 1, \ldots, n$.

Übungsaufgaben

3.1 Seien **a**, **b**, **c** Elemente aus $\mathbb{R}^3$,

$$\mathbf{a} = \left(\frac{1}{\sqrt{2}}, \frac{1}{\sqrt{2}}, 0\right), \quad \mathbf{b} = \left(\frac{1}{\sqrt{2}}, \frac{1}{\sqrt{2}}, 0\right), \quad \mathbf{c} = (0, 0, 1)$$

  a) Berechnen Sie $\mathbf{a} \cdot \mathbf{b}$, $\mathbf{b} \cdot \mathbf{c}$, $\mathbf{c} \cdot \mathbf{a}$.
  b) Berechnen Sie $\|\mathbf{a}\|$, $\|\mathbf{b}\|$, $\|\mathbf{c}\|$.

3.2 Seien $\mathbf{v}_1 = (2, -1)$, $\mathbf{v}_2 = (3, 2)$
  a) Bestimmen Sie $\mathbf{v}_1 + \mathbf{v}_2$, $\mathbf{v}_1 - \mathbf{v}_2$, $3\mathbf{v}_1 - \mathbf{v}_2$, $\mathbf{v}_1 \cdot \mathbf{v}_2$.
  b) Zeichnen Sie $\mathbf{v}_1 - 2\mathbf{v}_2$, $-3\mathbf{v}_1 + \mathbf{v}_2$.
  c) Zeichnen Sie die Gerade durch $\mathbf{v}_2$ in Richtung $\mathbf{v}_1$ und bestimmen Sie die Geradengleichung in der Form $x_1 = a + b x_2$.

3.3 Gegeben sei die Matrix

$$\mathbf{A} = \begin{pmatrix} 0 & 2 & 7 & -1 \\ 1 & -4 & 3 & 0 \\ 5 & 1 & -2 & 2 \end{pmatrix}.$$

Bestimmen Sie die Produkte $\mathbf{A}\mathbf{x}$ für
$\mathbf{x}^1 = (0, 2, 4, -1)$; $\mathbf{x}^2 = (-1, 3, -2, 5)$; $\mathbf{x}^3 = (1, 1, 1, 1)$.

3.4 Gegeben seien die Matrizen

$$\mathbf{A} = \begin{pmatrix} 2 & 1 & 0 & 4 \\ -3 & 2 & 1 & 2 \\ 1 & -2 & 5 & -6 \end{pmatrix}, \quad \mathbf{B} = \begin{pmatrix} 3 & -1 & 4 \\ 5 & 2 & 0 \\ -3 & 6 & 9 \\ 2 & -2 & 1 \end{pmatrix}.$$

a) Bestimmen Sie **AB, BA**.
b) Bestimmen Sie den Rang von **A, B, AB, BA**.

3.5 Eine Menge $C \subset \mathbb{R}^n$ heißt konvex, wenn für alle $\mathbf{x}, \mathbf{y} \in C$ gilt $\alpha \mathbf{x} + (1 - \alpha)\mathbf{y} \in C$, für alle $\alpha \in [0, 1]$. Ist
   a) $H(\mathbf{a}, c) = \{\mathbf{x} \in \mathbb{R}^n | \mathbf{x} \cdot \mathbf{a} = c\}$ konvex?
   b) $A = \{\mathbf{x} \in \mathbb{R}^n | \mathbf{x} \cdot \mathbf{a} \leq c\}$ konvex?

3.6 Zeichnen Sie die Menge $H(\mathbf{p}, y) = \{\mathbf{x} \in \mathbb{R}^3 | \mathbf{p} \cdot \mathbf{x} = y\}$ für $\mathbf{x} \geq \mathbf{o}$, wenn
   a) $\mathbf{p} = (2, 3, 1)$, $y = 10$.
   b) $\mathbf{p} = (-1, 0, 2)$, $y = 5$.
   c) $\mathbf{p} = (1, -1, -1)$, $y = 1$.

3.7 Die Produktionsmöglichkeiten eines Einproduktunternehmens seien durch 5 Produktionsprozesse gegeben, wobei $\mathbf{a}_i$, $i = 1, \ldots, 5$ die Faktorbedarfsvektoren sind, falls Prozeß i die Outputmenge $x_i = 1$ produziert. Alle fünf Prozesse können unabhängig voneinander innerhalb der Kapazitätsschranken $0 \leq x_i \leq \bar{x}_i$ betrieben werden. Seien
$\mathbf{a}_1 = (5, 1)$, $\mathbf{a}_2 = (4, 2)$, $\mathbf{a}_3 = (7, 3)$, $\mathbf{a}_4 = (2, 3)$, $\mathbf{a}_5 = (5, 6)$ und $\bar{x}_1 = 2$, $\bar{x}_2 = \frac{3}{2}$, $\bar{x}_3 = 4$, $\bar{x}_4 = 2$, $\bar{x}_5 = \frac{1}{2}$.

   a) Beschreiben Sie im Raum der Inputfaktoren $\mathbb{R}_+^2$ die Menge der Gesamtfaktorbedarfsvektoren für alle möglichen Produktionspläne. Ist diese Menge konvex?
   b) Beschreiben Sie die Isoquante für ein Outputniveau $x = 2$. Welche Produktionsprozesse kommen dabei zum Einsatz und welche erweisen sich als ineffizient?

3.8 Berechnen Sie die Determinanten folgender Matrizen.

$$\mathbf{A} = \begin{pmatrix} 1 & 7 & 0 \\ 3 & 1 & -1 \\ 0 & 2 & 1 \end{pmatrix}, \quad \mathbf{B} = \begin{pmatrix} 4 & 2 & 2 \\ 5 & 1 & 1 \\ 0 & 2 & 1 \end{pmatrix}, \quad \mathbf{C} = \begin{pmatrix} 5 & 2 & 1 & 4 \\ 7 & 0 & 1 & 2 \\ 0 & 0 & 1 & 7 \\ 1 & 5 & 0 & 9 \end{pmatrix},$$

$$\mathbf{D} = \begin{pmatrix} 5 & 1 & 1 & 3 & 6 \\ 7 & 0 & 0 & 0 & 2 \\ 10 & 2 & 2 & 6 & 12 \\ 4 & 0 & 3 & 0 & 0 \\ 7 & 1 & 1 & 0 & 1 \end{pmatrix}, \quad \mathbf{E} = \begin{pmatrix} 4 & 2 & 1 \\ 0 & a & 0 \\ 0 & 1 & a \end{pmatrix}, \quad a \in \mathbb{R}.$$

3.9 Geben Sie die Lösungsmengen folgender Gleichungssysteme an.

a) $\begin{pmatrix} 3 & 0 & 1 \\ 2 & 2 & 0 \\ 1 & 1 & 0 \end{pmatrix} \cdot \begin{pmatrix} x \\ y \\ z \end{pmatrix} = \begin{pmatrix} 3 \\ 2 \\ 1 \end{pmatrix}$, b) $\begin{pmatrix} 2 & 0 & 1 \\ 2 & 1 & 1 \\ 1 & 1 & 2 \end{pmatrix} \cdot \begin{pmatrix} x \\ y \\ z \end{pmatrix} = \begin{pmatrix} 2 \\ 1 \\ 2 \end{pmatrix}$,

c) $\begin{pmatrix} 3 & 1 \\ 2 & 1 \end{pmatrix} \cdot \begin{pmatrix} x \\ y \end{pmatrix} = \begin{pmatrix} 0 \\ 1 \end{pmatrix}$.

3.10 Gegeben seien die Angebots- und Nachfragefunktionen S(p) und D(p).
$$x = S(p) = a + bp,$$
$$x = D(p) = c + dp.$$
Bestimmen Sie die Gleichgewichtslösung (p, x) allgemein und stellen Sie Bedingungen für die Parameter a, b, c und d auf, unter denen eine eindeutige Lösung existiert und diese positiv ist.

3.11 Für eine offene Volkswirtschaft mit flexiblem Wechselkurs seien folgende Verhaltensfunktionen bekannt:

Konsumfunktion: $C = 100 + 0,8\,Y$,
Investitionsfunktion: $I = 50 - 40\,r$,
Exportfunktion: $X = 75 + 0,006\,w$,
Importfunktion: $M = 25 - 0,004\,w + 0,3\,Y$,
Geldnachfragefunktion: $L = 0,1\,Y - 20\,r$,
Nettokapitalimportfunktion: $K = 150 + 20\,r - 10\,r^*$,

wobei Y das Volkseinkommen, r den inländischen Zinssatz, w den Wechselkurs und r* den ausländischen Zinssatz bezeichnen.
Stellen Sie das Keynesianische Modell dieser Volkswirtschaft auf und ermitteln Sie das Volkseinkommen und den inländischen Zinssatz im Gleichgewicht, wenn die Staatsausgaben 325, die Geldmenge 158 und der ausländische Zinssatz 0,1 betragen.

3.12 Untersuchen Sie, ob die folgenden Matrizen negativ semi-definit, positiv semi-definit oder keins von beiden sind.

$$A = \begin{pmatrix} 3 & 1 & 0 \\ 1 & 1 & 0 \\ 0 & 0 & 1 \end{pmatrix}, \quad B = \begin{pmatrix} 1 & 2 & -2 \\ 2 & 1 & -4 \\ -2 & -4 & 1 \end{pmatrix},$$

$$C = \begin{pmatrix} -4 & -1 & 1 & 3 \\ 1 & -1 & 0 & 0 \\ 1 & 0 & -1 & 0 \\ 3 & 0 & 0 & -5 \end{pmatrix}.$$

Literaturhinweise

Hadley, G. (1965). *Linear Algebra.* Addison-Wesley Publ. Co., Reading, Mass. u.a.
Jänich, K. (1979). *Lineare Algebra.* Springer-Verlag, Berlin u.a.
Lang, S. (1970). *Introduction to Linear Algebra.* Addison-Wesley Publ. Co., Reading, Mass. u.a.

Kapitel 4. Funktionen mehrerer Veränderlicher

Ökonomische Situationen sind nur ganz selten durch eine einzige Variable zu charakterisieren. In den meisten Fällen, bei denen ökonomische Entscheidungen zu treffen sind, ist für mehrere Variable festzulegen, in welcher Höhe sie zu wählen sind. Die Konsumentscheidung eines Haushalts betrifft in der Regel den Kauf mehrerer Güter. Ein Produzent wählt in der Regel die zu erstellenden Mengen verschiedener Produkte *und* der dafür erforderlichen Inputfaktoren. Gebietskörperschaften bieten in der Regel verschiedene Leistungen an, fragen unterschiedliche Leistungen nach und erheben nicht nur eine einzige Steuer. Für eine sinnvolle Verwendung analytischer Methoden für derartige Probleme muß deshalb der Fall mehrerer Variabler als grundlegend angesehen werden.

Ein entscheidendes Merkmal der auftretenden Variablen ist, daß jede von ihnen in ihrer Höhe durch eine einfache reelle Zahl bestimmt ist. Dies erlaubt eine einfache mathematische Beschreibung und die Verwendung mathematischer Methoden, wie sie aus den Bereichen der klassischen Analysis bekannt sind. Nur solche sollen hier beschrieben werden und bei ökonomischen Fragestellungen zur Anwendung kommen.

Eine ökonomische Konstellation (eine Entscheidungssituation eines Haushalts, eines Produzenten etc.) mit n unterschiedlichen Variablen läßt sich, wie in Kapitel 3 ausführlich gezeigt, als ein Vektor $\mathbf{x} = (x_1, \ldots, x_i, \ldots, x_n)$ darstellen, wobei, für $i = 1, \ldots, n$, x_i die gewählte Höhe der i-ten Variablen in der zugehörigen Mengeneinheit angibt. Um im weiteren eine eindeutige Schreibweise zu verwenden und um Mißverständnisse zu vermeiden, sei angenommen, daß alle Vektoren als Zeilenvektoren definiert sind. Die zugehörige Transponierte, d.h. der zugehörige Spaltenvektor wird mit einem Strich bezeichnet, so z.B. $\mathbf{x} = (x_1, \ldots, x_n)$ und

$$\mathbf{x}' = \begin{pmatrix} x_1 \\ \vdots \\ x_n \end{pmatrix}.$$

Für die meisten ökonomischen Fragestellungen kommt nicht der gesamte $\mathbb{R}^n$ in Betracht, sondern nur Teilmengen $X \subseteq \mathbb{R}^n_+$. So z.B. in der Produktionstheorie, bei der die produzierten Güter nur in nicht-negativen Mengen auftreten können. In diesem Fall wäre dann

$$X \subseteq \mathbb{R}^n_+ = \{x \in \mathbb{R}^n | x_i \geqq 0, i = 1, \ldots, n\}.$$

Ökonomische Zusammenhänge werden in diesem Kontext durch eine oder mehrere Funktionen beschrieben, die jedem $x \in X$ genau einen Funktionswert $f(x)$ zuordnen, d.h. f ist eine Abbildung von X in die reellen Zahlen $\mathbb{R}$, welches analog zum eindimensionalen Fall als $f: X \to \mathbb{R}$ geschrieben wird.

Als ökonomisches Beispiel einer solchen Funktion sei die allgemeine Cobb-Douglas-Produktionsfunktion genannt, d.h. $f: \mathbb{R}^n_+ \to \mathbb{R}$, die definiert ist als

$$y = f(v_1, \ldots, v_n) = A \, v_1^{\alpha_1} \cdot v_2^{\alpha_2} \cdot v_n^{\alpha_n}.$$

y bezeichnet dabei die produzierte Menge, $v_1, \ldots, v_n$ die Mengen der verwendeten Inputfaktoren und $A, \alpha_1, \ldots, \alpha_n$ positive Konstante. Die Kostenfunktion eines Unternehmens, das z.B. drei Güter (x, y, z) in Kuppelproduktion herstellt, ist eine Funktion $C: T \to \mathbb{R}$, wobei $T \subseteq \mathbb{R}^3_+$ als sinnvoll anzunehmen ist. Schließlich sei die Nachfragesituation eines Haushalts als Beispiel angeführt, bei der die Nachfrage nach jedem Gut $h = 1, \ldots, l$ als Funktion aller Preise p_h und des Einkommens y dargestellt wird.

$$x_1 = d_1(p_1, \ldots, p_l, y)$$
$$\vdots$$
$$x_l = d_l(p_1, \ldots, p_l, y).$$

Dabei ist jedes d_h eine Funktion $d_h: \mathbb{R}^{l+1} \to \mathbb{R}$.

Wie in den Kapiteln 1 und 2 zu erkennen war, stellen Stetigkeits- und Differenzierbarkeitseigenschaften von Funktionen die wesentlichen Bausteine für eine Verwendung der Methoden der Analysis bei Fragen der Optimierung dar. Mit der Übertragung dieser Konzepte aus dem Fall einer Variablen auf den mehrerer Variabler befaßt sich der Rest dieses Kapitels.

4.1 Stetigkeit

Der Konvergenzbegriff im $\mathbb{R}^n$ und die Eigenschaft der Stetigkeit für Funktionen mehrerer Veränderlicher stellen in natürlicher und analoger Weise Verallgemeinerungen der Definitionen dar, die im eindimensionalen Fall verwendet wurden. Eine Folge von Vektoren $(x^m)_{m=1}^{\infty}$, $x^m \in \mathbb{R}^n$

heißt konvergent mit Grenzwert x^0, d.h. $x^m \to x^0$ genau dann, wenn für jede Komponente i, i = 1, ..., n, x_i^m gegen x_i^0 konvergiert, d.h. $x_i^m \to x_i^0$.

Definition: *Eine Funktion* f: $X \to \mathbb{R}$, $X \subseteq \mathbb{R}^n$, *heißt stetig an der Stelle* $x^0 = (x_1^0, ..., x_n^0) \in X$, *wenn für jede Folge* $(x^m)_{m=1}^\infty$, *die gegen* x^0 *konvergiert, gilt:*

(i) $\lim_{x^m \to x^0} f(x^m)$ *existiert,*

(ii) $\lim_{x^m \to x^0} f(x^m) = f(x^0)$.

Die Funktion heißt stetig, falls sie an jeder Stelle ihres Definitionsbereiches stetig ist. Die Konvergenzeigenschaft, die in (i) und (ii) gefordert wird, ist sicherlich intuitiv leicht verständlich. Eine geometrische Vorstellung davon ist jedoch nur sehr schwer erkennbar, wenn die Zahl der Variablen größer als zwei ist. Für den Fall n = 2 ist sie möglich und wird in vielen Fällen zur Veranschaulichung benutzt.

Betrachtet man ganz allgemein den Graphen einer Funktion f: $X \to \mathbb{R}$ mit $X \subseteq \mathbb{R}^n$, so ist dieser definiert als

Graph (f) = $\{(x_1, ..., x_n, y) | y \in \mathbb{R}, y = f(x_1, ..., x_n), (x_1, ..., x_n) \in X\}$.

Dies ist eine Teilmenge des $\mathbb{R}^{n+1}$. Für n = 2 ist somit Graph (f) $\subseteq \mathbb{R}^3$, der sich als Fläche darstellen läßt. Ein Teil dieser Fläche ist in Abb. 4.1

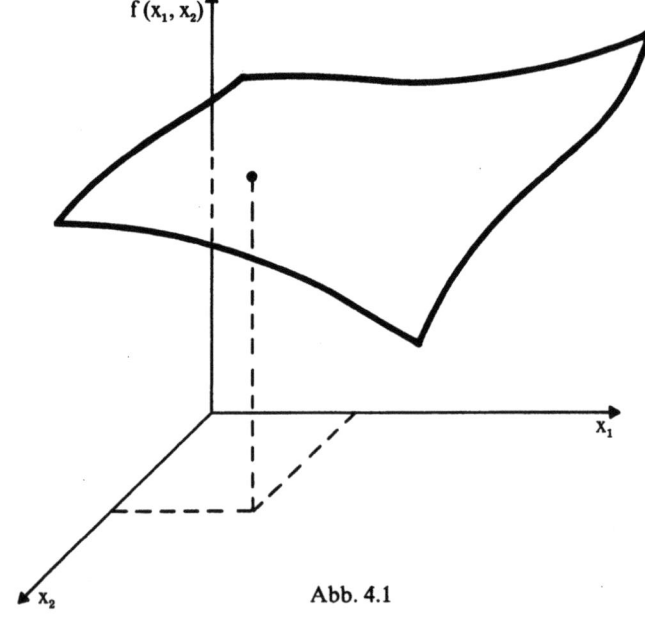

Abb. 4.1

eingezeichnet. Stetigkeit bedeutet dann, daß die Fläche „aus einem Stück" besteht und keine Sprünge aufweist.

Obwohl in dem hier gewählten Rahmen eine Überprüfung der Stetigkeit einer Funktion anhand der Definition nur sehr selten durchzuführen ist, ergeben sich dennoch genug Stetigkeitsprobleme im Rahmen ökonomischer Anwendungen, die analysiert werden müssen. Der dabei am häufigsten auftretende Fall ist der, bei dem die Stetigkeit einer zusammengesetzten Funktion zurückgeführt wird auf die Stetigkeit der Teilfunktionen *und* der Überprüfung, ob die verknüpfenden Operationen stetigkeitserhaltend sind. Wie in Kapitel 1 stellt man fest, daß dieselben Regeln wie im Fall einer Veränderlichen auch hier gelten.

Satz: *Seien* f: $X \to \mathbb{R}$ *und* g: $X \to \mathbb{R}$ *zwei stetige Funktionen mit demselben Definitionsbereich. Dann sind die folgenden Funktionen ebenfalls stetig:*

(i) $h(x) = f(x) + g(x)$,
(ii) $h(x) = f(x) - g(x)$,
(iii) $h(x) = f(x) \cdot g(x)$,
(iv) $h(x) = \dfrac{f(x)}{g(x)}$ *falls* $g(x) \neq 0$,
(v) $h(x) = \text{Min}\{f(x), g(x)\}$,
(vi) $h(x) = \text{Max}\{f(x), g(x)\}$.

Beispiel: Seien $x_i = f_i(p_1, \ldots, p_l, y)$, $i = 1, \ldots, l$ die Nachfragefunktionen eines Haushalts bei gegebenem Einkommen y und Preisvektor $\mathbf{p} = (p_1, \ldots, p_l)$. Bezeichne $i = 1, \ldots, k$ Güter des notwendigen Bedarfs und $i = k+1, \ldots, l$ Luxusgüter. Dann ist das Verhältnis $\alpha(\mathbf{p}, y)$ der Ausgaben für Güter des notwendigen Bedarfs zu denen von Luxusgütern

$$\alpha(p_1, \ldots, p_l, y) = \frac{\sum\limits_{i=1}^{k} p_i f_i(\mathbf{p}, y)}{\sum\limits_{i=k+1}^{l} p_i f_i(\mathbf{p}, y)}$$

eine stetige Funktion in $(\mathbf{p}, y)$ gemäß (i), (iii) und (iv), falls die Nachfrage nach jedem Gut stetig ist und bei positiven Preisen von Luxusgütern stets mindestens ein Luxusgut gekauft wird.

4.2 Differenzierbarkeit

Betrachtet man bei einer Funktion mehrer Variabler Veränderungen der unabhängigen Variablen, so ist grundsätzlich zwischen zwei möglichen

4 Funktionen mehrerer Veränderlicher

Fällen zu unterscheiden: eine einzige Variable wird verändert bei Konstanz aller anderen Variablen, oder es erfolgt eine Variation von mehr als einer, möglicherweise aller Variabler simultan. Im ersten Fall spricht man von einer partiellen Variation, im zweiten Fall von einer totalen Variation. Im ersten Fall erhält man in der marginalen Betrachtungsweise analog zum eindimensionalen Fall einen Differentiationsbegriff bzw. Ableitungsbegriff, den man als partielle Differentiation bzw. als partielle Ableitung bezeichnet. Sei f: $X \to \mathbb{R}$. Man betrachte die Funktion f an der Stelle $\bar{x} \in X$. Eine partielle Variation bezüglich der Variablen i liegt vor, wenn $\bar{x}$ in der Richtung der Komponente i um $\Delta x_i \neq 0$ verändert wird, so daß als neuer Punkt $\bar{x} + \Delta x$ entsteht, wobei

$$\bar{x} + \Delta x = \bar{x} + [0, \ldots, 0, \Delta x_i, 0, \ldots, 0]$$

ist. Δx ist damit ein Vektor, der für die Komponente i den Wert Δx_i und sonst nur Nullen enthält. Als partielle Ableitung bezüglich der Variablen i im Punkt $\bar{x}$ definiert man dann

$$\frac{\partial f}{\partial x_i}(\bar{x}) = \lim_{\Delta x_i \to 0} \frac{f(\bar{x} + \Delta x) - f(\bar{x})}{\Delta x_i}.$$

Für den Fall zweier Variabler läßt sich die partielle Ableitung auch geometrisch als Steigung einer Tangente an eine Kurve interpretieren. In Abb. 4.2 ist der Graph einer Funktion f: $\mathbb{R}^2 \to \mathbb{R}$ dargestellt. Bei konstantem Wert von $\bar{x}_1$ ist der Zusammenhang zwischen y und x_2 in Richtung von x_2 darstellbar als die zugehörige Kurve der eingezeichneten Fläche. $\frac{\partial f}{\partial x_1}(\bar{x}_1, \bar{x}_2)$ ist dann der Tangens des eingezeichneten Winkels α.

Offensichtlich besteht in jedem Punkt $\bar{x} \in X$ die Möglichkeit, in jede der zulässigen Richtungen eine partielle Variation vorzunehmen. D.h. bei n Variablen ergeben sich in jedem Punkt $\bar{x}$ gerade n partielle Variationsmöglichkeiten und damit n partielle Ableitungen, die man gewöhnlich als Zeilenvektor

$$\frac{\partial f}{\partial x}(\bar{x}) = \left[\frac{\partial f}{\partial x_1}(\bar{x}), \ldots, \frac{\partial f}{\partial x_n}(\bar{x})\right]$$

schreibt. Der transponierte Vektor $\left(\frac{\partial f}{\partial x}(\bar{x})\right)'$ heißt *Gradient* der Funktion an der Stelle $\bar{x}$. Er ist genau dann definiert, wenn alle partiellen Ableitungen existieren. Man beachte, daß im allgemeinen natürlich jede Komponente des Gradienten selbst eine Funktion aus X in $\mathbb{R}$ ist. Eine Funktion f: $X \to \mathbb{R}$, deren sämtliche partiellen Ableitungen existieren und stetig sind, heißt *stetig differenzierbar*.

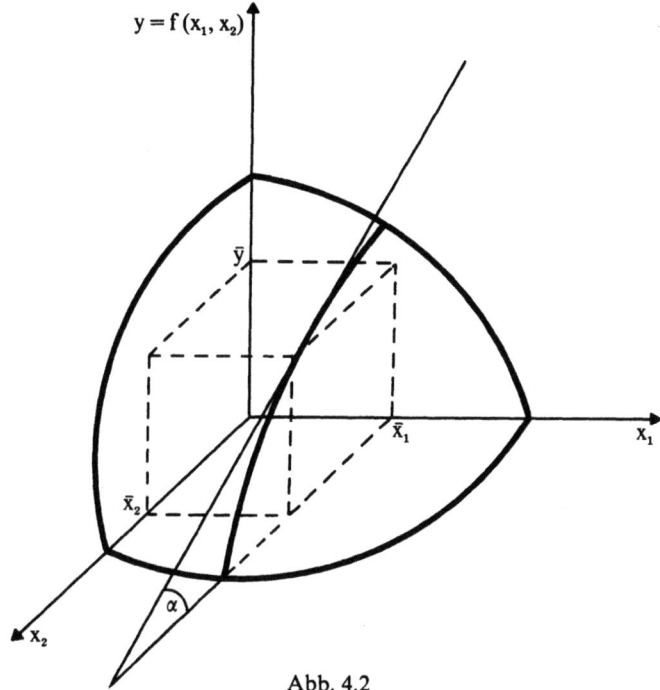

Abb. 4.2

Für die analytische Ermittlung der partiellen Ableitungen wird man in der Regel nie die allgemeine Definition verwenden. Man erkennt vielmehr sofort, daß jede partielle Ableitung betrachtet werden kann wie die Ableitung einer Funktion mit nur einer Veränderlichen, da alle anderen Variablen für das Ableitungsverfahren als Konstante behandelt werden. Damit sind auch sämtliche Ableitungsregeln für jede einzelne der partiellen Ableitungen gültig, so daß die in Kapitel 1 dargestellten Regeln hier analoge Anwendung finden.

Beispiel: Man betrachte die folgende Funktion, die als CES-Produktionsfunktion bezeichnet wird.

$$f(v_1, \ldots, v_n) = A \left(\sum_{i=1}^{n} \alpha_i v_i^\varrho \right)^{1/\varrho}.$$

Dabei sind A, α_i ($i = 1, \ldots, n$), ϱ Konstante, wobei A, α_i positiv und $\varrho \leq 1$ und $\varrho \neq 0$ sind. Die partielle Ableitung bezüglich v_1, d.h. das Grenzprodukt des Faktors 1 ist dann

$$\frac{\partial f}{\partial v_1} = \alpha_1 v_1^{\varrho-1} A \left(\sum_{i=1}^{n} \alpha_i v_i^\varrho \right)^{1/\varrho - 1}.$$

4 Funktionen mehrerer Veränderlicher

Der vorangegangene Abschnitt hat gezeigt, daß eine stetig differenzierbare Funktion f: $X \to \mathbb{R}$, wobei $X \subseteq \mathbb{R}^n$, in jedem Punkt $x \in X$ n partielle Ableitungen besitzt, die selber wiederum als Funktionen

$$\frac{\partial f}{\partial x_i} : X \to \mathbb{R} \quad (i = 1, \ldots, n)$$

zu betrachten sind. Will man deren Verlauf mit Hilfe von Ableitungseigenschaften untersuchen, so führt dies zum Konzept der zweiten partiellen Ableitung der ursprünglichen Funktion f. Für jede der n partiellen Ableitungen, d.h. für jede Komponente des Gradienten, gibt es somit n partielle Ableitungen und damit n^2 partielle Ableitungen zweiter Ordnung bezüglich f. Dabei verwendet man als Schreibweise für die Ableitung der Funktion $\frac{\partial f}{\partial x_i}$ bezüglich der Variablen j (i, j = 1, ..., n)

$$\frac{\partial \left(\frac{\partial f}{\partial x_i} \right)}{\partial x_j} = \frac{\partial^2 f}{\partial x_i \partial x_j} \quad \text{für } i \neq j \text{ und } \quad \frac{\partial^2 f}{\partial x_i^2} \quad \text{für } i = j.$$

Die Definition der zweiten partiellen Ableitung von f bezüglich (i, j) erhält man, wenn in der obigen Definition f durch $\frac{\partial f}{\partial x_i}$ ersetzt wird. Existieren für eine Funktion f alle zweiten partiellen Ableitungen *und* sind diese selbst stetige Funktionen von x, dann heißt f *zweimal stetig differenzierbar*. Als Schreibweise für die Gesamtheit der zweiten partiellen Ableitungen einer Funktion f verwendet man in der Regel eine Anordnung der einzelnen Ableitungen in einer n × n Matrix, die als $\frac{\partial^2 f}{\partial x^2}$ geschrieben wird:

$$\frac{\partial^2 f}{\partial x^2}(x) = \begin{bmatrix} \frac{\partial^2 f}{\partial x_1^2}(x) & \frac{\partial^2 f}{\partial x_1 \partial x_2}(x) & \cdots & \frac{\partial^2 f}{\partial x_1 \partial x_n}(x) \\ \vdots & & & \vdots \\ \frac{\partial^2 f}{\partial x_n \partial x_1}(x) & \cdots & \cdots & \frac{\partial^2 f}{\partial x_n^2}(x) \end{bmatrix}.$$

Diese Matrix heißt *Hessesche Matrix*. Für jeden Wert von $x \in X$ ist damit die Hessesche Matrix eine gewöhnliche n × n-Matrix, die sämtlichen Operationen und Regeln der Matrixalgebra unterliegt. Diese Tatsache und ihre Konsequenzen für die Verwendung der Hesseschen Matrix im Zusammenhang mit Problemen der Optimierung liefern letztlich die Begründung für die Zweckmäßigkeit dieser Schreibweise. Dies wird im nächsten Kapitel noch zu sehen sein.

Eine wesentliche Eigenschaft der zweiten partiellen Ableitung, die im nächsten Satz angegeben ist, wird in den ökonomischen Anwendungen häufig benutzt und impliziert auch eine charakteristische Eigenschaft der Hesseschen Matrix.

Satz: *Sei* f: X → ℝ *eine zweimal stetig differenzierbare Funktion. Dann gilt für alle Paare* (i, j) i, j = 1, ..., n:

$$\frac{\partial^2 f}{\partial x_i \partial x_j}(\mathbf{x}) = \frac{\partial^2 f}{\partial x_j \partial x_i}(\mathbf{x}).$$

Diese Eigenschaft, die aus der Stetigkeit der zweiten partiellen Ableitung folgt, besagt einerseits, daß die Reihenfolge, in der die Ableitung bezüglich zweier Variabler i und j vorgenommen wird, unerheblich ist für die zweite partielle Ableitung. Andererseits zeigt sie, daß die Hessesche Matrix symmetrisch ist.

Veränderungen mehrer Variabler simultan bewirken selbstverständlich Veränderungen des Funktionswertes, die nur aus dem Zusammenwirken aller partiellen Änderungen erfaßt werden können. Für eine marginale Betrachtungsweise ergeben sich dabei Schwierigkeiten, da nicht nur unterschiedliche Veränderungsrichtungen, sondern auch verschiedene Änderungsintensitäten auftreten können, die je nach Größe eine unterschiedliche marginale Veränderung des Funktionswertes ergeben würden.

Für eine Funktion f: X → ℝ betrachte man in einem Punkt $\mathbf{x}^* \in X$ kleine endliche Änderungen $(dx_1, \ldots, dx_n)$. Die Veränderung des Funktionswertes läßt sich dann approximativ als

$$dy = \frac{\partial f}{\partial x_1}(\mathbf{x}^*) dx_1 + \cdots + \frac{\partial f}{\partial x_n}(\mathbf{x}^*) dx_n$$

angeben, wobei die Approximation um so genauer wird, je kleiner $(dx_1, \ldots, dx_n)$ ist. Den obigen linearen Ausdruck bezeichnet man als *totales Differential* der Funktion f im Punkt $\mathbf{x}^*$. Der approximierende Wert ist damit offenbar

$$y = f(\mathbf{x}^*) + dy = f(\mathbf{x}^*) + \sum_{i=1}^{n} \frac{\partial f}{\partial x_i}(\mathbf{x}^*) dx_i,$$

woraus deutlich wird, daß es sich dabei um eine lineare Approximation der Funktion f im Punkt $\mathbf{x}^*$ handelt. Für beliebige Änderungen

120   4 Funktionen mehrerer Veränderlicher

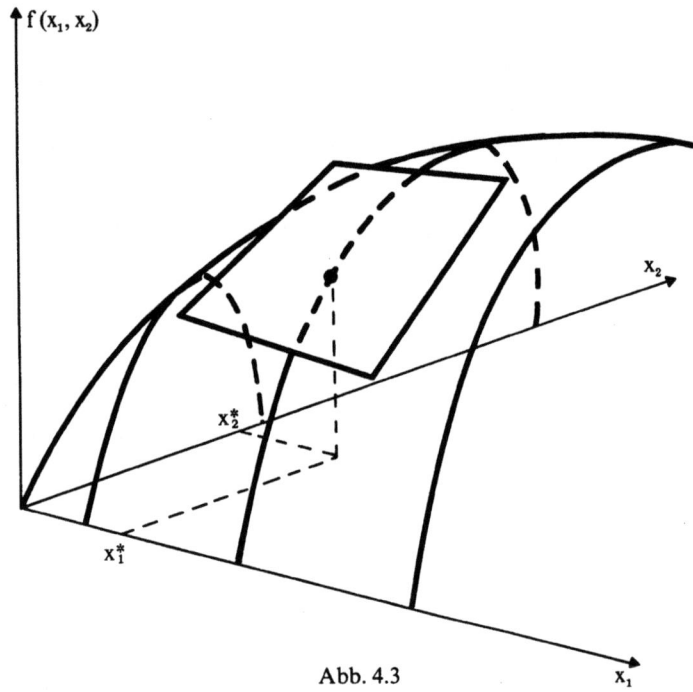

Abb. 4.3

$dx_i = x_i - x_i^*$, $i = 1, \ldots, n$, läßt sich diese Funktion auch allgemein in $x \in X$ schreiben, d.h.

$$y = f(x^*) + \frac{\partial f}{\partial x}(x^*) \cdot (x - x^*)'.$$

Es ist sofort ersichtlich, daß für $x = x^*$ der approximierende Wert $y = f(x^*)$ ist. Für n = 2 läßt sich dieser Sachverhalt geometrisch darstellen. Der Graph der linearen Abbildung ist dann eine Fläche, die im Punkt x^* tangential an den Graphen der Funktion f ist (vgl. Abb. 4.3).

4.3 Homogene Funktionen

In vielen ökonomischen Anwendungen spielt die Analyse partieller und totaler Variationen eine bedeutende Rolle. Eine häufig auftretende Klasse von Funktionen, bei denen ein strenger systematischer Zusammenhang zwischen allen partiellen Variationen und bestimmten totalen Variationen besteht, ist die Klasse der homogenen Funktionen.

4.3 Homogene Funktionen

Definition: *Eine Funktion* f: $\mathbb{R}^n \to \mathbb{R}$ *heißt homogen vom Grade* r, *wenn für alle* $x \in \mathbb{R}^n_+$ *und für jede reelle Zahl* $\lambda > 0$ *gilt:*

$$f(\lambda x) = f(\lambda x_1, \ldots, \lambda x_n) = \lambda^r f(x_1, \ldots, x_n)$$
$$= \lambda^r f(x).$$

f heißt also homogen, wenn bei einer gleichmäßigen Vervielfachung aller Variablen um das λ-fache der Funktionswert um das λ^r-fache steigt. Da diese Eigenschaft für alle $x \in \mathbb{R}^n$ und alle $\lambda > 0$ gilt, stellt die Bedingung $f(\lambda x) = \lambda^r f(x)$ tatsächlich eine Identität und nicht nur eine Gleichheit für bestimmte Werte von x dar.

Es ist leicht zu sehen, daß im Fall n = 1 die Klasse der homogenen Funktionen von der Form

$$f(x) = A x^r$$

sind, mit A > 0. Man erkennt auch, daß $f(0) = 0$ und f eine monoton wachsende Funktion ist, falls r > 0 gilt. Für r = 1 ist f eine lineare Funktion. Der Fall r = 1 tritt in ökonomischen Anwendungen häufig auf. Der Zusammenhang mit einer gewissen Linearitätseigenschaft hat dazu geführt, daß eine homogene Funktion f, für die r = 1 gilt, als *linear-homogene* Funktion bezeichnet wird.

Beispiele homogener Funktionen finden sich in nahezu allen Bereichen der Wirtschaftstheorie. Die bereits erwähnte Produktionsfunktion vom Cobb-Douglas-Typ

$$f(v) = A v_1^{\alpha_1} \cdot \ldots \cdot v_n^{\alpha_n}$$

hat einen Homogenitätsgrad von $r = \sum_{i=1}^{n} \alpha_i$. Die Nachfragefunktionen eines Haushalts, die aus dem Präferenzmaximierungskalkül abgeleitet werden, sind homogen vom Grade Null in Preisen und Einkommen. Die in der Theorie der Unternehmung abgeleiteten Kostenfunktionen sind linear-homogen in den Faktorpreisen. Diese Beispiele zeigen, daß homogene Funktionen und damit ihre Eigenschaften eine bedeutende Rolle in der Wirtschaftstheorie spielen. Zwei dieser Eigenschaften sind in den nächsten beiden Sätzen angegeben, die beide auf den Mathematiker Euler zurückgehen.

Satz: (Euler): *Sei* f: $\mathbb{R}^n_+ \to \mathbb{R}$ *stetig differenzierbar.* f *ist genau dann homogen vom Grade* r, *wenn für alle* x *gilt:*

$$r f(x) = \sum_{i=1}^{n} x_i \frac{\partial f}{\partial x_i}(x).$$

Ein ökonomisch interessantes Beispiel für dieses Resultat ergibt sich, falls f eine Produktionsfunktion ist. In diesem Fall besagt es, daß die Summe der mit ihren Grenzprodukten gewichteten Faktoreinsatzmengen gleich dem r-fachen des Outputs ist. Ist z. B. r > 1, so ist die Summe der mit ihren Grenzprodukten bewerteten Faktoreinsatzmengen größer als das erstellte Produkt. Bei linearer Homogenität wird gerade das Gesamtprodukt ausgeschöpft. Ist r < 1, so ist der Output größer als die Summe der mit ihren Grenzprodukten bewerteten Faktoreinsatzmengen.

Das zweite Resultat ist eine Aussage über den Homogenitätsgrad jeder partiellen Ableitung einer homogenen Funktion.

Satz: (Euler) *Sei* $f: \mathbb{R}_+^n \to \mathbb{R}$ *homogen vom Grade* r *und stetig differenzierbar, dann gilt:*

$$\frac{\partial f}{\partial x_i}(\lambda \mathbf{x}) = \lambda^{r-1} \frac{\partial f}{\partial x_i}(\mathbf{x}) \quad i = 1, \ldots, n,$$

d.h. jede partielle Ableitung ist homogen vom Grade r − 1.

Beispiel: Man betrachte noch einmal die CES-Produktionsfunktion

$$f(\mathbf{v}) = \left(\sum \alpha_i v_i^\varrho\right)^{1/\varrho}.$$

Wie leicht zu überprüfen ist, ist diese Funktion linear-homogen. Das Grenzprodukt jedes Faktors j

$$\frac{\partial f}{\partial v_j}(\mathbf{v}) = \alpha_j v_j^{\varrho-1} \left(\sum \alpha_i v_i^\varrho\right)^{1/\varrho - 1}$$

ist damit homogen vom Grade Null. Das heißt, daß bei einer gleichen proportionalen Veränderung *aller* Inputfaktoren (was gleichbedeutend mit einer Konstanthaltung aller Inputrelationen ist) das Grenzprodukt konstant bleibt. Damit variiert das Grenzprodukt in diesem Fall nur bei einer Veränderung der Faktorinputrelationen. Eine Überprüfung dieses Resultats ergibt sich sofort durch entsprechendes Einsetzen

$$\begin{aligned}\frac{\partial f}{\partial v_j}(\lambda \mathbf{v}) &= \alpha_j (\lambda v_j)^{\varrho-1} \left(\sum \alpha_i (\lambda v_i)^\varrho\right)^{1/\varrho - 1} \\ &= \lambda^{\varrho-1} \alpha_j v_j^{\varrho-1} \left(\lambda^\varrho \sum \alpha_i v_i^\varrho\right)^{1/\varrho - 1} \\ &= \alpha_j v_j^{\varrho-1} \left(\sum \alpha_i v_i^\varrho\right)^{1/\varrho - 1} \\ &= \frac{\partial f}{\partial v_j}(\mathbf{v}).\end{aligned}$$

4.4 Implizite Funktionen

In vielen ökonomischen Fragestellungen werden Funktionen mehrerer Veränderlicher unter speziellen Bedingungen oder Zusatzbeschränkungen untersucht. Als Beispiele mögen folgende Fragestellungen dienen:

1) Für eine gegebene Produktionsfunktion $y = f(v_1, \ldots, v_n)$ wird häufig die Frage gestellt, welche Inputkombinationen erforderlich sind, um eine bestimmte vorgegebene Outputmenge $\bar{y}$ zu produzieren. Insbesondere tritt die Frage auf, wie ein Faktor i gegen einen anderen Faktor j zu substituieren ist, falls $\bar{y}$ und die Mengen aller anderen Faktoren vorgegeben sind. Dieser Zusammenhang wäre durch eine Funktion $g: \mathbb{R}^n_+ \to \mathbb{R}$ darstellbar, derart daß

$$v_i = g(v_j, v_1, \ldots, v_{i-1}, v_{i+1}, \ldots, v_{j-1}, v_{j+1}, \ldots, v_n, y).$$

Diese Funktion müßte natürlich genau die Zusammenhänge der Produktionsfunktion f widergeben. In der Regel ist jedoch eine explizite Darstellung durch entsprechende Umformungen nicht möglich, so daß der Zusammenhang z.B. nur in der Form $F(v_1, \ldots, v_n, y) = 0$ implizit darstellbar ist und so ausgewertet werden muß.

2) Der Zusammenhang zwischen Inputs und Outputs ist häufig selbst nicht in expliziter Form darstellbar, sondern nur zum Beispiel in der Form

$$F(y, v_1, v_2) = 16y^3 - y - 80 + 4(v_1 - 5)^2 + 2(v_2 - 4)^2 = 0.$$

$F(y, v_1, v_2) = 0$ ist dabei die implizite Darstellung einer Produktionsfunktion. Die Fragestellung nach dem partiellen Grenzprodukten dieser Funktion bedingt eine gesonderte Analysemethode.

Allgemein kann festgestellt werden, daß für jede Funktion $F: \mathbb{R}^n \to \mathbb{R}$ mit $f(x_1, \ldots, x_n) = y$ der Zusammenhang zwischen $(x_1, \ldots, x_n)$ und y in impliziter Form durch $F(x_1, \ldots, x_n, y) = f(x_1, \ldots, x_n) - y = 0$ dargestellt werden kann. Selbstverständlich kann eine implizit gegebene Funktion auch direkt vorgegeben sein, ohne aus einer expliziten Funktion wie in der obigen Konstruktion hervorzugehen.

Durch $F(x_1, \ldots, x_n, y) = 0$ sei eine Funktion implizit gegeben. Gefragt ist nach dem Zusammenhang zwischen y und den Variablen $(x_1, \ldots, x_n)$. Intuitiv ist klar, daß höchstens n der Variablenwerte unabhängig gewählt werden können und daß der (n + 1)-ste aufgrund der Bedingung $F = 0$ bestimmt ist. Wenn auch der Zusammenhang zwischen der Variablen y und den Variablen $(x_1, \ldots, x_n)$ in der Regel nicht explizit als Funktion ermittelt werden kann, so lassen sich doch Aussagen über die Existenz *und* den Verlauf eines solchen eindeutigen Zusammenhangs, d.h. die Existenz einer Funktion und ihren Ableitungseigenschaften, aus einer Analyse der Funktion F treffen. Gesucht ist damit nach einer Funktion g: $\mathbb{R}^n \to \mathbb{R}$ mit der Eigenschaft

$$g(x_1, \ldots, x_n) = y$$

und

$$F(x_1, \ldots, x_n, g(x_1, \ldots, x_n)) = 0.$$

Der folgende grundlegende Satz der Analysis gibt Auskunft darüber, wann eine solche Funktion g existiert und wie ihre sämtlichen partiellen Ableitungen ermittelt werden können.

Satz über implizite Funktionen (1. Version): *Sei* F: $\mathbb{R}^{n+1} \to \mathbb{R}$ *eine stetig differenzierbare Funktion mit der Beschränkung*

$$F(x_1, \ldots, x_n, y) = 0.$$

Falls $(x_1^0, \ldots, x_n^0, y^0)$ *Lösung von* $F(x_1, \ldots, x_n, y) = 0$ *ist und falls* $\frac{\partial F}{\partial y}(x_1^0, \ldots, x_n^0, y^0) \neq 0$, *dann gilt:*

(i) *Für eine Umgebung* U *von* $(x_1^0, \ldots, x_n^0)$ *existiert genau eine Funktion* g: $U \to \mathbb{R}$ *derart, daß*

$$F(x_1, \ldots, x_n, g(x_1, \ldots, x_n)) = 0 \quad x \in U,$$

(ii) $\dfrac{\partial g}{\partial x_i} = - \dfrac{\frac{\partial F}{\partial x_i}}{\frac{\partial F}{\partial y}}.$

Die Bedeutung dieses Satzes für die qualitative Analyse in der Wirtschaftstheorie kann nicht überschätzt werden. Die Aussage (i) des Satzes kann hier nicht bewiesen werden. Mit ihrer Hilfe läßt sich jedoch die Aussage (ii) leicht zeigen. Da $F(x_1, \ldots, x_n, g(x_1, \ldots, x_n)) = 0$ für alle $x \in U$ gilt, (d.h. identisch richtig ist), erhält man durch Ableiten nach x_i nach der Kettenregel

$$\frac{\partial F}{\partial x_i} + \frac{\partial F}{\partial y} \frac{\partial g}{\partial x_i} = 0,$$

und damit

$$\frac{\partial g}{\partial x_i} = - \frac{\frac{\partial F}{\partial x_i}}{\frac{\partial F}{\partial y}}$$

falls $\frac{\partial F}{\partial y} \neq 0$ ist.

Beispiel: Man betrachte die implizit gegebene Produktionsfunktion

$$F(y, v_1, v_2) = 6y^3 - y^2 - 6v_1 - 24v_2 + v_1^2 + 4v_2^2 + 50 = 0.$$

Daraus folgt

$$\frac{\partial F}{\partial y} = 18y^2 - 2y = 2y(9y - 1),$$

was für $y \neq \frac{1}{9}$ von Null verschieden ist. Als partielle Grenzprodukte der beiden Faktoren v_1 und v_2 erhält man

$$\frac{\partial y}{\partial v_1} = - \frac{\frac{\partial F}{\partial v_1}}{\frac{\partial F}{\partial y}} = - \frac{v_1 - 3}{y(9y - 1)},$$

$$\frac{\partial y}{\partial v_2} = - \frac{\frac{\partial F}{\partial v_2}}{\frac{\partial F}{\partial y}} = - \frac{4(v_2 - 3)}{y(9y - 1)}.$$

Beispiel: Zur Bestimmung der Grenzrate der Substitution zwischen den beiden Produktionsfaktoren v_1 und v_2 bei gegebenem Outputniveau y läßt sich der Satz ebenfalls verwenden. Wenn y konstant ist, wird lediglich nach dem Zusammenhang zwischen v_1 und v_2 gefragt, der gerade die implizite Funktion ergibt. Das heißt, gesucht ist eine Funktion h, derart daß $v_2 = h(v_1, y)$ und

$$F(y, v_1, h(v_1, y)) \equiv 0$$

gilt. Die gesuchte Grenzrate der Substitution ist dann $\frac{\partial h}{\partial v_1}$. Aus der Identität erhält man durch Differentiation nach v_1

$$\frac{\partial F}{\partial v_1} + \frac{\partial F}{\partial v_2} \cdot \frac{\partial h}{\partial v_1} = 0,$$

und damit

$$\frac{\partial h}{\partial v_1} = \frac{dv_2}{dv_1}\bigg|_{y=const} = -\frac{\frac{\partial F}{\partial v_1}}{\frac{\partial F}{\partial v_2}}.$$

Im obigem numerischen Beispiel erhält man

$$\frac{dv_2}{dv_1}\bigg|_{y=const} = -\frac{v_1 - 3}{4(v_2 - 3)}.$$

Das gleiche Verfahren läßt sich selbstverständlich auch auf jede explizite Produktionsfunktion anwenden.

Die zentrale Bedeutung des Satzes über implizite Funktionen für die Wirtschaftstheorie insgesamt liegt darin, daß er die Bedingungen und ein Verfahren für die gesamte komparative Statik angibt. Dabei muß jedoch einschränkend gesagt werden, daß es sich dabei in allen Fällen um eine Marginalanalyse handelt. Nahezu alle qualitativen Aussagen über Wirkungsweisen in ökonomischen Modellen beruhen auf diesem Satz. Die sogenannte Multiplikatoranalyse der Makroökonomie basiert ebenso darauf wie die Aussagen der Außenhandelstheorie oder der Steuerwirkungslehre. Um diese universelle Verwendbarkeit zu demonstrieren, bedarf es jedoch einer allgemeineren Fassung des Satzes als der eben beschriebenen Version.

Betrachtet man ein allgemeines Problem im Rahmen einer komparativ-statischen Analyse, so lautet die Frage stets: Wie wirkt die (marginale) Veränderung eines Parameters α (z.B. eines Steuersatzes, der autonomen Staatsausgaben, des Wechselkurses) auf die in einem geschlossenen System von α und untereinander abhängigen Variablen $(x_1, \ldots, x_n)$ (z.B. Gleichgewichtspreis und Gleichgewichtsmenge, Beschäftigungsniveau und Einkommen, oder die Weltmarktpreise)? Der Gesamtzusammenhang ist dabei in der Regel implizit durch ein System von n differenzierbaren Funktionen gegeben, wobei eine Lösung des Systems $(x_1, \ldots, x_n)$ für einen gegebenen Wert α vorliegt. Ist dieser Zusammenhang zwischen α und dem Vektor $(x_1, \ldots, x_n)$ als Lösung des Systems eindeutig, d.h. existieren Funktionen $x_i = h_i(\alpha)$, $i = 1, \ldots, n$, die diesen Zusammenhang beschreiben, so ist die komparativ-statische Analyse nichts anderes als die Frage nach dem Verlauf dieser Funktionen. Gerade darüber gibt der Satz über implizite Funktionen Auskunft.

4.4 Implizite Funktionen

Satz über implizite Funktionen (2. Version): *Seien*

$$F_1(x_1, \ldots, x_n, \alpha) = 0$$
$$\vdots$$
$$F_n(x_1, \ldots, x_n, \alpha) = 0$$

n *stetig differenzierbare Funktionen der Variablen* $(x_1, \ldots, x_n, \alpha)$ *und* $(\bar{x}_1, \ldots, \bar{x}_n)$ *eine eindeutig bestimmte Lösung des Gleichungssystems für gegebenes* $\bar{\alpha}$. *Falls die* n × n-*Matrix, genannt Funktionalmatrix,*

$$\begin{bmatrix} \dfrac{\partial F_1}{\partial x_1}(\bar{x}, \bar{\alpha}) & \dfrac{\partial F_1}{\partial x_2}(\bar{x}, \bar{\alpha}) & \ldots & \dfrac{\partial F_1}{\partial x_n}(\bar{x}, \bar{\alpha}) \\ \vdots & & & \vdots \\ \dfrac{\partial F_n}{\partial x_1}(\bar{x}, \bar{\alpha}) & \ldots & \ldots & \dfrac{\partial F_n}{\partial x_n}(\bar{x}, \bar{\alpha}) \end{bmatrix}$$

eine von Null verschiedene Determinante besitzt, dann gilt:

(i) *in einer Umgebung* U *von* $\bar{\alpha}$ *existieren* n *stetig differenzierbare Funktionen* $h_i: U \to \mathbb{R}$, $i = 1, \ldots, n$, *derart daß*

$$F_1(h_1(\alpha), h_2(\alpha), \ldots, h_n(\alpha), \alpha) = 0$$
$$\vdots$$
$$F_i(h_1(\alpha), h_2(\alpha), \ldots, h_n(\alpha), \alpha) = 0$$
$$\vdots$$
$$F_n(h_1(\alpha), h_2(\alpha), \ldots, h_n(\alpha), \alpha) = 0.$$

(ii) $\begin{bmatrix} \dfrac{dx_1}{d\alpha} \\ \vdots \\ \dfrac{dx_n}{d\alpha} \end{bmatrix} = \begin{bmatrix} h'_1 \\ \vdots \\ h'_n \end{bmatrix} = - \begin{bmatrix} \dfrac{\partial F_1}{\partial x_1} & \ldots & \dfrac{\partial F_1}{\partial x_n} \\ \vdots & & \vdots \\ \dfrac{\partial F_n}{\partial x_1} & \ldots & \dfrac{\partial F_n}{\partial x_n} \end{bmatrix}^{-1} \cdot \begin{bmatrix} \dfrac{\partial F_1}{\partial \alpha} \\ \vdots \\ \dfrac{\partial F_n}{\partial \alpha} \end{bmatrix}.$

Der Beweis dieses Satzes ist nicht mit den bisher verwendeten Mitteln möglich, insbesondere die Aussage (i) kann hier nicht bewiesen werden. Die Aussage (ii) soll jedoch kurz gezeigt werden. Da die Funktionen F_i und h_i, $i = 1, \ldots, n$, stetig differenzierbar sind, erhält man aus (i) durch Differentiation bezüglich α folgendes Gleichungssystem:

$$\frac{\partial F_1}{\partial x_1} h_1' + \frac{\partial F_1}{\partial x_2} h_2' + \cdots + \frac{\partial F_1}{\partial x_n} h_n' = -\frac{\partial F_1}{\partial \alpha}$$

$$\vdots$$

$$\frac{\partial F_i}{\partial x_1} h_1' + \cdots\cdots\cdots\cdots + \frac{\partial F_i}{\partial x_n} h_n' = -\frac{\partial F_i}{\partial \alpha}$$

$$\vdots$$

$$\frac{\partial F_n}{\partial x_1} h_1' + \cdots\cdots\cdots\cdots + \frac{\partial F_n}{\partial x_n} h_n' = -\frac{\partial F_i}{\partial \alpha}.$$

Dieses Gleichungssystem ist linear in den gesuchten Ableitungen $(h_1', \ldots, h_n')$ und hat genau dann eine eindeutige Lösung, wenn die Matrix $\left(\frac{\partial F_i}{\partial x_i}\right)$ $i, j = 1, \ldots, n$ nicht singulär ist. Dies ist gerade eine der wesentlichen Annahmen des Satzes. Die Ermittlung der Lösung des Gleichungssystems und damit der gesuchten Ableitungen erfolgt nun nach Standardmethoden der linearen Algebra, die in Kapitel 3 dargestellt wurden.

Für die Verwendung des Satzes für die komparativ-statische Analyse ergibt sich damit die folgende Vorgehensweise:

(1) Man ermittle für gegebenes $\bar{\alpha}$ die zugehörige Lösung $\bar{x} = (\bar{x}_1, \ldots, \bar{x}_n)$ des Gleichungssystems $F_i(x_1, \ldots, x_n, \alpha) = 0$.
(2) Falls eine Lösung $(\bar{x}_1, \ldots, \bar{x}_n, \bar{\alpha})$ existiert, überprüfe man, ob die Funktionalmatrix an der Stelle $(\bar{x}, \bar{\alpha})$ nicht singulär ist.
(3) Falls die Funktionalmatrix nicht singulär ist, bestimme man die Ableitungen gemäß den Regeln der linearen Algebra (z.B. nach der Cramerschen Regel).

Beispiel: Auf einem Markt werden die Nachfrager mit einer Steuer von $t\%$ auf den Angebotspreis belastet. Welcher Zusammenhang besteht bei typischem Angebots- und Nachfrageverlauf zwischen dem Steuersatz und der im Gleichgewicht nachgefragten Menge x, dem Gleichgewichtspreis p und dem Steueraufkommen T? Die drei betrachteten Variablen (x, p, T) sind bestimmt durch das Gleichungssystem

$$S(p) - x = 0,$$
$$D(p(1 + t)) - x = 0,$$
$$T - tpx = 0.$$

4.4 Implizite Funktionen

Die Funktionalmatrix lautet

$$\begin{bmatrix} S' & -1 & 0 \\ D'(1+t) & -1 & 0 \\ -tx & -tp & 1 \end{bmatrix}.$$

Die Funktionalmatrix ist nicht singulär, weil

$$\Delta = \det\begin{bmatrix} S' & -1 & 0 \\ (1+t)D' & -1 & 0 \\ -tx & -tp & 1 \end{bmatrix} = \begin{vmatrix} S' & -1 \\ (1+t)D' & -1 \end{vmatrix}$$
$$= -S' + (1+t)D' < 0.$$

Als Ableitungen ergeben sich damit

$$\frac{dp}{dt} = \frac{\begin{vmatrix} 0 & -1 & 0 \\ -pD' & -1 & 0 \\ px & -tp & 1 \end{vmatrix}}{\Delta} = \frac{-pD'}{\Delta} < 0,$$

$$\frac{dx}{dt} = \frac{\begin{vmatrix} S' & 0 & 0 \\ (1+t)D' & -pD' & 0 \\ -tx & px & 1 \end{vmatrix}}{\Delta} = \frac{-pD'S'}{\Delta} < 0,$$

$$\frac{dT}{dt} = \frac{\begin{vmatrix} S' & -1 & 0 \\ (1+t)D' & -1 & -pD' \\ -tx & -tp & px \end{vmatrix}}{\Delta} = px - t\frac{pD'(x+pS')}{\Delta}.$$

Man sieht an den Ableitungen z.B., daß bei Einführung der Steuer $(t = 0)$ $\frac{dT}{dt}$ positiv und gleich dem Nettoerlös ist. Andererseits folgt aus $\frac{dp}{dt} < 0$ und $\frac{dx}{dt} < 0$, daß der Nettoerlös eine fallende Funktion des Steuersatzes ist. Somit ist nicht zu erwarten, daß das Steueraufkommen mit steigendem Steuersatz stets zunimmt. Es läßt sich zum Beispiel durch eine genaue Analyse zeigen, daß es einen Steuersatz t* mit maximalem Steueraufkommen gibt.

Übungsaufgaben

4.1 Sei f: $\mathbb{R}^2 \to \mathbb{R}$

$$f(x, y) = \begin{cases} \dfrac{x}{y} & y \neq 0 \\ 0 & y = 0 \end{cases}.$$

a) Ist die Funktion an den Stellen
   a_1) $(0, 0)$,
   a_2) $(x, 0)$, $x \neq 0$,
   a_3) (x, y), $y \neq 0$
   stetig?
b) Ist sie an diesen Stellen differenzierbar?
c) Geben Sie im Falle der Differenzierbarkeit die partiellen Ableitungen und das totale Differential an.

4.2 Geben Sie das totale Differential für

$$y = e^{x_1 x_2 x_3} \cdot (x_1 \, 8 \, x_2 \, x_3^2)$$

an, und berechnen Sie dy für $(x_1, x_2, x_3) = (1, 2, \tfrac{1}{2})$.

4.3 Bestimmen Sie für die Produktionsfunktion

$$y = \text{Min}\{a_1 x_1, a_2 x_2\}$$

alle Stellen, an denen die Funktion nicht differenzierbar ist.

4.4 a) Untersuchen Sie die folgenden Funktionen auf Homogenität und bestimmen Sie gegebenenfalls den Homogenitätsgrad.
   a_1) $f(x_1, x_2) = a x_1 + b x_2 + c$,
   a_2) $g(x_1, x_2) = a x_1 + b x_1 x_2^2 + c x_2^2$,
   a_3) $h(x_1, x_2, x_3) = \text{Min}\{a x_1, b x_2, d + e x_3\}$,
   a_4) $k(x_1, x_2) = \ln(x_1 \cdot x_2)$,
   a_5) $l(x_1, x_2) = [x_1^p + x_2^p]^{1/p}$,
   a_6) $m(x_1, x_2, x_3) = x_1 + \sqrt{x_2 + x_3}$,
   a_7) $n(x_1, x_2, x_3) = x_1 + \sqrt{x_2 \cdot x_3}$,
   a_8) $p(x_1, x_2) = x_1^{x_2}$.
b) Überprüfen Sie für die Funktion $l(x_1, \ldots, x_n) = \left(\sum_{i=1}^{n} x_i^p\right)^{1/p}$ den Satz von Euler.

4.5 Bestimmen Sie für die folgenden Produktionsfunktionen die partiellen Grenzprodukte und die Grenzrate der Substitution.

a) $x = v_1 v_2^{-2} + v_2^2 + v_1 v_2$.
b) $x^2 = 5v_1 + 16v_2^2$.
c) $(x + 1)^3 = v_1^3 + (v_1 v_2)^2 - 4v_2^3$.

4.6 Sei $f(x_1, x_2) = x_1^\alpha x_2^\beta$.
   a) Berechnen Sie den Homogenitätsgrad der Grenzrate der Substitution.
   b) Kann dieses Resultat verallgemeinert werden für alle homogenen Funktionen?

4.7 a) Berechnen Sie die Substitutionselastizität der Cobb-Douglas Funktion.
   b) Berechnen Sie die Substitutionselastizität einer Produktionsfunktion mit überall konstantem Verhältnis der Grenzprodukte.

4.8 In einem makroökonomischen Modell sei die IS-Kurve durch $I(i) = S(y) - A_{st}$, und die LM-Kurve durch $M = L(y, i)$ charakterisiert. Das totale Differential der Funktion sei

$$S_y \, dy = I_i \, di + dA_{St}$$
$$dM = L_y \, dy + L_i \, di$$

mit $\dfrac{S_y}{I_i} < 0$ $\dfrac{L_y}{L_i} < 0$.

Untersuchen Sie
   a) Veränderungen des Gleichgewichts bei Fiskalpolitik (Autonome Änderungen der Staatsausgaben);
   b) Veränderungen des Gleichgewichts bei Änderung der Geldmenge.

4.9 Gegeben sei die Funktion

$z = 10 x_1^{1/2} x_2^{1/3} x_3^{-2/3}$.

   a) Bestimmen Sie die partiellen Ableitungen erster Ordnung.
   b) Erstellen Sie die Hessesche Matrix.
   c) Berechnen Sie die Determinante an der Stelle $x_1 = x_2 = x_3 = 1$.

4.10 Ein Unternehmen produziert 2 Güter in den Mengen $x_1 \geq 0$ und $x_2 \geq 0$. Die Gewinnfunktion lautet:
$Q(x_1, x_2) = a x_1 - b x_1^2 + c x_2 - d x_2^2$,
$(a, b, c, d) = (5, 1, 4, \frac{1}{2})$.

4 Funktionen mehrerer Veränderlicher

a) Bestimmen Sie einen Produktionsplan mit positivem und einen Produktionsplan mit negativem Gewinn.
b) Welche Form haben die Isogewinnlinien (= Kurven konstanten Gewinns)?
c) Berechnen Sie die Steigung der Isogewinnlinien.

Literaturhinweise

Apostol, T. M. (1967). *Calculus. Vol. I: One-Variable Calculus, with an Introduction to Linear Algebra.* (2nd ed.) John Wiley & Sons, New York u.a.

Apostol, T. M. (1969). *Calculus. Vol. II: Multi-Variable Calculus and Linear Algebra, with Applications to Differential Equations and Probability.* John Wiley & Sons, New York u.a.

Forster, O. (1977). *Analysis 2. Differentialrechnung im $\mathbb{R}^n$. Gewöhnliche Differentialgleichungen.* Rowohlt/Vieweg, Wiesbaden.

Kapitel 5. Optimierung bei Funktionen mehrerer Veränderlicher

Im Gegensatz zu den Problemen der Optimierung bei nur einer Veränderlichen (Kapitel 2) ist bei der Optimierung bei mehreren Veränderlichen simultan die Höhe mehrerer Variabler zu bestimmen um eine gegebene Zielfunktion zu optimieren. Wie im eindimensionalen Fall läßt sich auch hier sofort festhalten, daß Minimierung und Maximierung zwei methodisch vollständig äquivalente Vorgehensweisen sind, so daß nur eine davon betrachtet zu werden braucht. Dies soll wieder das Maximierungsproblem sein.

5.1 Optimierung ohne Nebenbedingungen

Sei f: $X \to \mathbb{R}$, $X \subseteq \mathbb{R}^n$ eine zweimal stetig differenzierbare Funktion. Dann heißt

$$\text{Max } f(x) \quad \text{so daß} \quad x \in X$$

ein Maximierungsproblem ohne Nebenbedingungen, falls $X = \mathbb{R}^n$ ist. Die notwendigen Bedingungen für ein Maximum sind dem eindimensionalen Fall analog.

Satz (Notwendige Bedingungen): *Sei x^* Maximierer von f. Dann gilt*

$$\frac{\partial f}{\partial x_i}(x^*) = 0 \quad i = 1, \ldots, n.$$

Mit anderen Worten, an der Stelle x^* ist der Gradient $\frac{\partial f}{\partial x}$ gleich Null. Anhand von Abb. 5.1 kann man sich die Aussage des Satzes leicht klarmachen.

Auch hier ist wieder zu fragen, ob die notwendigen Bedingungen auch hinreichend für ein Maximum sind. Dazu ist es erforderlich, daß globale Eigenschaften der zu maximierenden Funktion bekannt sind.

5 Optimierung bei Funktionen mehrerer Veränderlicher

Die Klasse der Funktionen, bei denen die notwendigen Bedingungen für ein Maximum auch hinreichend sind, besteht aus den konkaven Funktionen.

Definition: *Sei* $f: X \to \mathbb{R}$, $X \subseteq \mathbb{R}^n$, *wobei der Definitionsbereich X von f eine konvexe Menge ist. f heißt konkav genau dann, wenn für alle* $x, y \in X$ *und für jede Zahl* $\lambda \in [0, 1]$ *gilt:*

$$f(\lambda x + (1 - \lambda) y) \geq \lambda f(x) + (1 - \lambda) f(y).$$

Der Vektor $z = \lambda x + (1 - \lambda) y$ heißt konvexe Kombination der beiden Vektoren x und y und X ist eine konvexe Menge, wenn jede konvexe Kombination von Punkten aus X selbst wieder in X enthalten ist. Im anderen Fall wäre möglicherweise die Definition der Konkavität von f nicht sinnvoll, da sie für Punkte gefordert würde, die nicht zum Definitionsbereich gehören.

Geometrisch läßt sich die Eigenschaft der Konkavität leicht darstellen. Für gegebene x und y stellt offenbar $\lambda f(x) + (1 - \lambda) f(y)$ für alternative λ die konvexen Kombinationen der beiden Funktionswerte $f(x)$ und $f(y)$ dar. Für $\lambda \in [0, 1]$ ist damit die Gerade, die $(x, f(x))$ mit $(y, f(y))$ verbindet, beschrieben. Konkavität bedeutet damit, daß der Graph von f nicht unterhalb dieses Geradenstücks verlaufen darf. Dies impliziert, mit anderen Worten, einen „nach oben" gekrümmten Graphen. Für n = 2 ist eine solche konkave Funktion in Abb. 5.1 dargestellt.

Für die Operationen mit konkaven Funktionen gelten auch hier die in Kapitel 1 aufgestellten Regeln, d.h. die Summe und das Minimum konkaver Funktionen mit gleichem Definitionsbereich sind ebenfalls konkave Funktionen.

Zur Klasse der konkaven Funktionen gehören neben den quadratischen Funktionen alle CES-Produktionsfunktionen mit nicht zunehmenden Skalenerträgen. Für zweimal stetig differenzierbare konkave Funktionen gelten die Eigenschaften des folgenden Satzes.

Satz: *Ist* $f: X \to \mathbb{R}$ *eine zweimal stetig differenzierbare, konkave Funktion, dann gilt für alle* $x \in X$ *und alle* Δx:

(i) $f(x + \Delta x) \leq f(x) + \dfrac{\partial f}{\partial x}(x) \cdot (\Delta x)'$,

(ii) $(\Delta x) \left(\dfrac{\partial^2 f}{\partial x_i \partial x_j}(x) \right) (\Delta x)' \leq 0$.

Die Eigenschaft (ii) besagt, daß die Hessesche Matrix in jedem Punkt $x \in X$ *negativ semi-definit* ist (siehe Abschnitt 3.3.3).

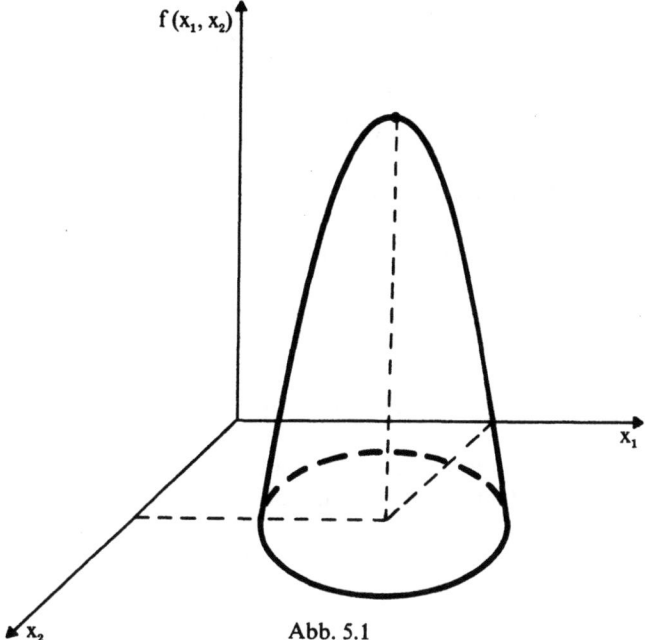

Abb. 5.1

Die negative Semi-Definitheit ist hinreichend für die Eigenschaft der Konkavität, wie aus dem nächsten Satz folgt.

Satz: *Eine zweimal stetig differenzierbare Funktion* f: X → $\mathbb{R}$ *ist genau dann konkav, wenn ihre Hessesche Matrix für alle* x ∈ X *negativ semidefinit ist.*

Aus der Konkavität bzw. aus der Semi-Definitheit folgt, daß die zweiten direkten Ableitungen $\frac{\partial^2 f}{\partial x_i^2}$, i = 1, ..., n, nicht positiv sind. Der wesentliche Vorteil konkaver Funktionen für die Maximierung liegt in der Aussage des folgenden Satzes.

Satz: *Ist* f: $\mathbb{R}^n$ → $\mathbb{R}$ *konkav, dann besitzt* f *nur globale Maxima.*

Zur Bestimmung der Maximierer von differenzierbaren konkaven Funktionen ist es demzufolge hinreichend, die Nullstellen des Gradienten zu bestimmen.

136   5 Optimierung bei Funktionen mehrerer Veränderlicher

Satz (Hinreichende Bedingungen): *Sei* $f: \mathbb{R}^n \to \mathbb{R}$ *eine zweimal stetig differenzierbare, konkave Funktion. Dann ist jedes* $x^0 \in \mathbb{R}^n$ *Maximierer, für das gilt:*
$$\frac{\partial f}{\partial x}(x^0) = 0.$$

Beispiel: Ein Monopolist produziere zwei Güter in den Mengen x und y zu Kosten
$$C(x, y) = x^2 + 2xy + 3y^2.$$

Die beiden Preis-Absatz-Funktionen sind:
$$p = 36 - 3x,$$
$$q = 40 - 5y.$$

Zu bestimmen ist der gewinnmaximale Produktionsplan und der maximale Gewinn. Als Gewinn in Abhängigkeit von (x, y) erhält man:
$$P(x, y) = -4x^2 - 8y^2 - 2xy + 36x + 40y.$$

Der Gradient
$$\frac{\partial P}{\partial x} = -8x - 2y + 36,$$
$$\frac{\partial P}{\partial y} = -16y - 2x + 40$$

besitzt eine Nullstelle bei x = 4, y = 2. Die Hessesche Matrix hat die Form
$$\frac{\partial^2 P}{\partial x \partial y} = \begin{pmatrix} -8 & -2 \\ -2 & -16 \end{pmatrix}.$$

Somit ist $A_1 = -8$ und $A_2 = 128 - (2)^2 = 124 > 0$. Damit ist gemäß dem Satz auf S. 108 gezeigt, daß die Hessesche Matrix negativ semidefinit ist. x = 4, y = 2 ergibt einen maximalen Gewinn von 112.

5.2 Optimierung mit Nebenbedingungen

Im Gegensatz zur Optimierung bei nur einer Variablen, bei der als Beschränkungen nur Intervalle betrachtet wurden, treten gerade in den

5.2 Optimierung mit Nebenbedingungen

ökonomischen Anwendungen eine Vielzahl anderer Beschränkungen auf. Diese können in sehr unterschiedlicher Form vorgegeben sein.
Gegeben sei das Optimierungsproblem

$$\text{Max } f(x), \text{ so daß } x \in X,$$

wobei $X \neq \mathbb{R}^n$ gilt. Eine der häufigsten Beschränkungen ist zum Beispiel, daß alle Variablen nicht negativ sein dürfen. Sind dies die einzigen Beschränkungen, dann ist

$$X = \{x \in \mathbb{R}^n | x_i \geq 0, i = 1, \ldots, n\}.$$

Diese Teilmenge des $\mathbb{R}^n$ sei mit $\mathbb{R}^n_+$ bezeichnet. Als ein weiteres Beispiel betrachte man die Budgetbeschränkung eines Haushalts bei Präferenzmaximierung. In diesem Fall ist

$$X = \{x \in \mathbb{R}^n | \sum_{i=1}^{n} p_i x_i \leq y, \ x_i \geq 0, i = 1, \ldots, n\},$$

wobei y das Haushaltseinkommen und $p_i, i = 1, \ldots, n$, die Preise sind. Eine dritte Art der Beschränkung liegt zum Beispiel bei dem Problem der Kostenminimierung bei gegebener Mindestproduktion vor. Ist $f: \mathbb{R}^n_+ \to \mathbb{R}$ die Produktionsfunktion, dann ist die Menge der zulässigen Faktorkombinationen v, die mindestens einen Output von $\bar{x}$ produzieren, gegeben durch

$$V(\bar{x}) = \{v \in \mathbb{R}^n_+ | f(v_1, \ldots, v_n) \geq \bar{x}\}.$$

Das gemeinsame Element aller drei Beispiele ist, daß sich jede der Beschränkungen in der Form

$$g(x_1, \ldots, x_n) \geq 0$$

schreiben läßt, wobei g selbst eine Funktion $g: \mathbb{R}^n \to \mathbb{R}$ ist. In der Regel sind mehrere solcher Funktionen erforderlich. So im ersten Beispiel oben gerade n, im zweiten und im dritten jeweils n + 1. Im weiteren wird davon ausgegangen, daß sich alle Beschränkungen in der Form $g_j(x_1, \ldots, x_n) \geq 0$ schreiben lassen, wobei die Anzahl der Beschränkungen gerade m sei. Der Index j für die einzelnen Beschränkungen hat damit den Bereich $j = 1, \ldots, m$. Der für die Nebenbedingung j zulässige Bereich der Variablen ist gegeben durch

$$X_j = \{x \in \mathbb{R}^n | g_j(x_1, \ldots, x_n) \geq 0\}.$$

138   5 Optimierung bei Funktionen mehrerer Veränderlicher

Als Definitionsbereich X für die Zielfunktion und damit als zulässigen Lösungsbereich für die Variablen erhält man damit

$$X = \bigcap_{j=1}^{m} X_j.$$

Selbstverständlich wird stets davon ausgegangen, daß die Beschränkungen g_j miteinander konsistent sind, d.h. daß $\bigcap X_j$ nicht leer ist. Dies ist jedoch für die Anwendung der folgenden Sätze nicht hinreichend. Deshalb wird generell gefordert, daß es immer ein x gibt, für das $g_j(x) > 0$ gilt für alle j. Für den Fall n = 2 und einer Budgetbeschränkung beim Haushaltsproblem kann man dies wie in Abb. 5.2 für die drei Beschränkungen darstellen.

In Abb. 5.3 ist die optimale Lösung für die in Abb. 5.1 gegebene Zielfunktion und für die in Abb. 5.2 gegebene Beschränkung dargestellt. Das unbeschränkte Maximum y^* wird an der Stelle (x_1^*, x_2^*) angenommen. Unter der Nebenbedingung aus Abb. 5.2 ist das Maximum $\bar{y}^*$, das an der Stelle $(\bar{x}_1^*, \bar{x}_2^*)$ angenommen wird.

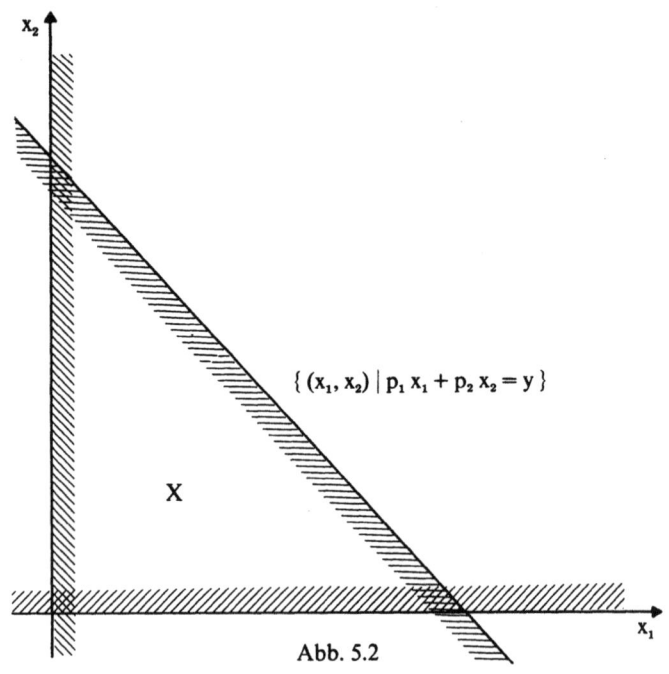

Abb. 5.2

5.2 Optimierung mit Nebenbedingungen

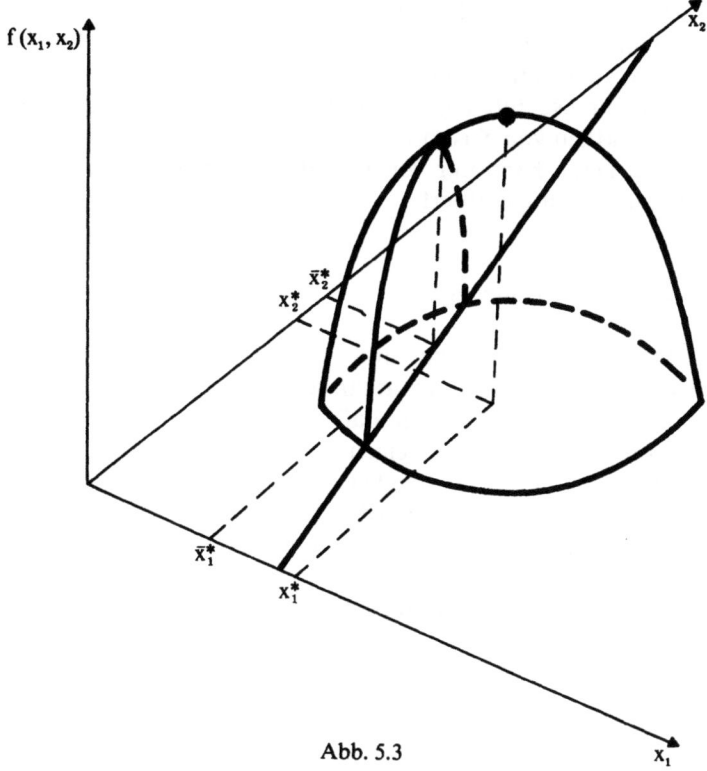

Abb. 5.3

5.2.1 Existenz

Zunächst stellt sich wiederum die Frage, wann ein gegebenes Optimierungsproblem überhaupt eine Lösung hat. Dabei wird die Antwort selbstverständlich von den Eigenschaften von f und von X abhängen. Der folgende Satz gibt hinreichende Bedingungen für die Existenz an, die jedoch in keiner Weise notwendig sind.

Satz: *Sei f: X → ℝ eine stetige Funktion und X eine abgeschlossene und beschränkte Teilmenge des $ℝ^n$. Dann existiert das Maximum und das Minimum von f auf X.*

Dieser Satz stellt die entsprechende Verallgemeinerung des ähnlichen Satzes aus Kapitel 2 dar. Für die ökonomischen Anwendungen stellt er letztlich eine Kontrollmöglichkeit dar, ob die Suche nach einer optimalen Lösung gegebenenfalls scheitern muß. Eine Überprüfung der

140 5 Optimierung bei Funktionen mehrerer Veränderlicher

Stetigkeit der Zielfunktion f ist in der Regel einfach. Die Abgeschlossenheit der Menge X ist häufig dadurch garantiert, daß die Funktionen g_j, $j = 1, \ldots, m$, stetig sind. Dann ist jedes einzelne X_j abgeschlossen und damit X als Durchschnitt abgeschlossener Mengen selbst abgeschlossen. Die Beschränktheit von X ist oft nur sehr schwer nachzuweisen bzw. gar nicht erfüllt. Dann kann nur von Fall zu Fall entschieden werden, ob eine optimale Lösung existiert.

5.2.2 Notwendige Bedingungen

Das Verfahren zur Bestimmung und Charakterisierung von Optimallösungen geht auf die beiden amerikanischen Mathematiker Kuhn und Tucker zurück. Man spricht deshalb häufig von dem *Kuhn-Tucker-Theorem*, obwohl es sich dabei eigentlich um mehrere miteinander verknüpfte Resultate und Sätze handelt. Diese sollen jetzt schrittweise zunächst für den Fall einer Nebenbedingung, dann für den Fall mit zwei und schließlich für den allgemeinen Fall mit m Nebenbedingungen dargestellt werden.

Gegeben sei das Maximierungsproblem

MAX 1 $\text{Max } f(x_1, \ldots, x_n) \text{ mit } g(x_1, \ldots, x_n) \geq 0$,

wobei angenommen wird, daß f und g stetig differenzierbar sind. Als Ausgangspunkt wählt man eine Lagrangefunktion

$$L(x_1, \ldots, x_n, \lambda) = f(x_1, \ldots, x_n) + \lambda g(x_1, \ldots, x_n).$$

Dann gelten folgende notwendigen Bedingungen im Maximum:

Satz [Kuhn-Tucker (Notwendige Bedingungen)]: *Sei* $\mathbf{x}^*$ *Maximierer von MAX 1. Dann existiert ein* $\lambda^* \geq 0$, *so daß gilt:*

(i) $\dfrac{\partial L}{\partial x_i}(\mathbf{x}^*, \lambda^*) = \dfrac{\partial f}{\partial x_i}(\mathbf{x}^*) + \lambda^* \dfrac{\partial g}{\partial x_i}(\mathbf{x}^*) = 0$ $i = 1, \ldots, n$,

(ii) $L(\mathbf{x}^*, \lambda^*) = f(\mathbf{x}^*)$,

(iii) $\lambda^* g(\mathbf{x}^*) = 0$.

Die Bedingungen (i)–(iii) lassen sich anschaulich interpretieren. (i) besagt, daß bei geeigneter Wahl von λ alle partiellen Ableitungen der Lagrangefunktion im Maximum Null sein müssen. Die Tatsache, daß im Maximum der Wert der Lagrangefunktion gleich dem Maximalwert

5.2 Optimierung mit Nebenbedingungen

der Zielfunktion ist (Bedingung (ii)), ist äquivalent zu Bedingung (iii). Diese fordert, daß bei positivem λ^* die Nebenbedingung bindend sein muß, bzw. daß $\lambda^* = 0$ ist, falls die Nebenbedingung nicht bindend ist. Weiter erkennt man aus (i), daß bei positivem λ^* die partiellen Ableitungen von f und g bezüglich der i-ten Variablen entgegengesetztes Vorzeichen haben müssen. In Abb. 5.4 ist der Sachverhalt geometrisch für den

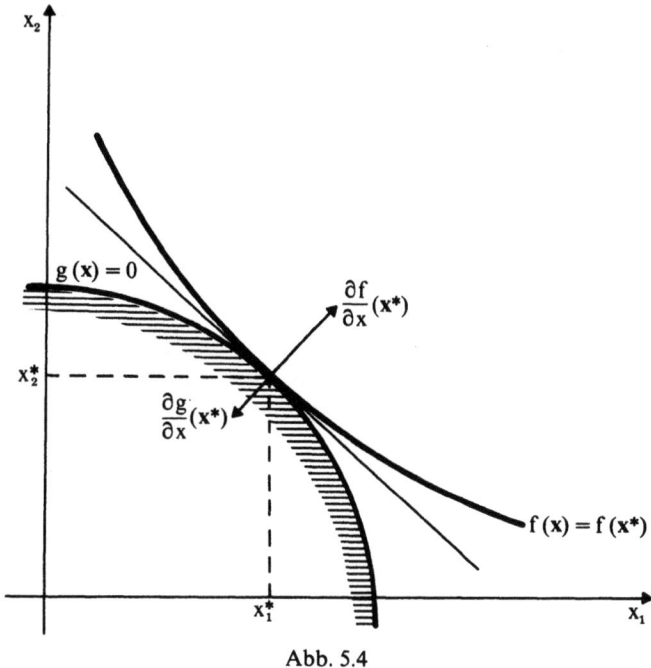

Abb. 5.4

Fall $n = 2$ dargestellt. Die dabei gewählte Funktion f ist streng monoton in x, so daß der Gradient im Punkt x^* positiv ist. Dieser gibt den steilsten Anstieg der Funktion im Punkt x^* an und steht damit senkrecht auf der Tangente an die Niveaulinie $\{x|f(x) = f(x^*)\}$. Die Nebenbedingung $g(x)$ ist bindend im Punkt x^* mit einem Gradienten, der negativ ist und ebenfalls senkrecht auf der Tangente an die Niveaulinie $\{x|g(x) = 0\}$ steht. Damit ist der Gradient von f genau entgegengesetzt. Das zu wählende λ^* ist somit positiv und es erfüllt die Bedingung

$$\frac{\partial f}{\partial x}(x^*) = -\lambda^* \frac{\partial g}{\partial x}(x^*).$$

Im nächsten Schritt betrachte man ein Maximierungsproblem mit zwei Nebenbedingungen, d. h.

MAX 2 Max f(x) mit
$g_1(x) \geqq 0$,
$g_2(x) \geqq 0$.

Zunächst sei das Problem für $n = 2$ geometrisch analysiert. In Abb. 5.5 ist die maximale Lösung wiederum mit x* bezeichnet. Beide Beschränkungen sind in diesem Fall bindend und x* liegt an einem „Eckpunkt" des zulässigen Bereiches X. Die Gradienten der beiden Beschränkungen bilden einen Winkel, der von Null und 180° verschieden ist und dem Gradienten der Zielfunktion entgegengerichtet ist.

Dies bedeutet, daß sie linear unabhängig sind. Es zeigt sich, daß diese Eigenschaft wesentlich ist, um die notwendigen Bedingungen für ein Maximum bei mehr als einer Nebenbedingung in gleicher Weise wie zu MAX 1 zu ermitteln. Diese Eigenschaft bezeichnet man als *Beschränkungsqualifikation (constraint qualification)*.

Definition: *Die Bedingung der Beschränkungsqualifikation (constraint qualification) liegt in einem Punkt $x \in X$ vor, wenn die Gradienten der in diesem Punkt bindenden Nebenbedingungen linear unabhängig sind.*

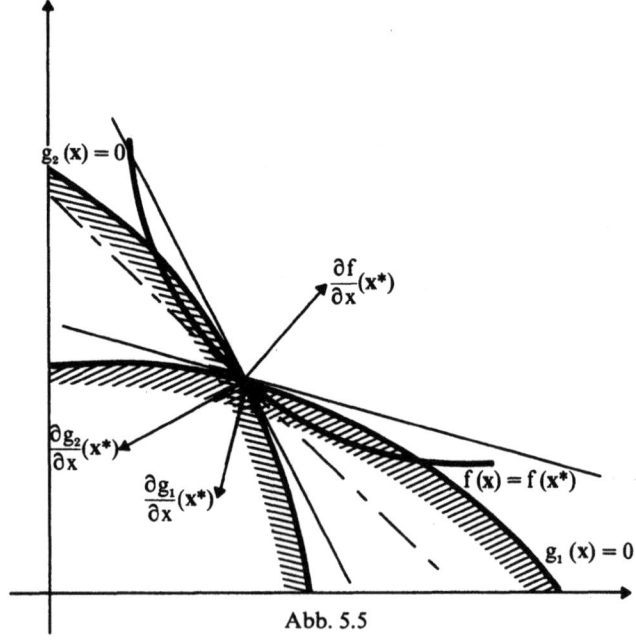

Abb. 5.5

5.2 Optimierung mit Nebenbedingungen

Mit dieser zusätzlichen Eigenschaft lassen sich jetzt notwendige Bedingungen für das Problem MAX 2 angeben. Dazu betrachte man die Lagrangefunktion

$$L(x, \lambda_1, \lambda_2) = f(x) + \lambda_1 g_1(x) + \lambda_2 g_2(x)$$

mit den beiden Lagrangevariablen λ_1 und λ_2.

Satz [Kuhn-Tucker (notwendige Bedingungen)]:
Sei x^* Maximierer von MAX 2 und sei die Beschränkungsqualifikation erfüllt. Dann existieren $\lambda_1^* \geq 0$ und $\lambda_2^* \geq 0$, so daß gilt:

(i) $\dfrac{\partial L}{\partial x_i}(x^*, \lambda_1^*, \lambda_2^*) = \dfrac{\partial f}{\partial x_i}(x^*) + \lambda_1^* \dfrac{\partial g_1}{\partial x_i}(x^*) + \lambda_2^* \dfrac{\partial g_2}{\partial x_i}(x^*) = 0$

für alle $i = 1, \ldots, n$,

(ii) $L(x^*, \lambda_1^*, \lambda_2^*) = f(x^*)$,

(iii) $\lambda_1^* g_1(x^*) = 0$
$\lambda_2^* g_2(x^*) = 0$

Die Bedingung (i) läßt sich auch in der vektoriellen Form

$$\frac{\partial f}{\partial x}(x^*) = -\left(\lambda_1^* \frac{\partial g_1}{\partial x}(x^*) + \lambda_2^* \frac{\partial g_2}{\partial x}(x^*)\right)$$

schreiben. Daraus wird ersichtlich, daß der Gradient der Zielfunktion im Maximum gleich ist dem Negativen einer Linearkombination der Gradienten der bindenden Beschränkung. Ist eine der Nebenbedingungen nicht bindend, so folgt aus (iii) sofort, daß das zugehörige $\lambda_j^* = 0$ ist, und das Problem ist äquivalent zu MAX 1. Die Beschränkungsqualifikation ist dann automatisch erfüllt. Die Lagrangemultiplikatoren liefern auch hier eine entscheidende Information darüber, ob die Nebenbedingungen bindend sind, wie aus der Bedingung (iii) folgt. Positives Vorzeichen von λ_j^* und der zugehörigen Beschränkung $g_j(x^*)$ sind danach zueinander komplementär, d.h. Positivität des einen schließt Positivität des anderen aus. Diesen Zusammenhang zwischen den Nebenbedingungen und den zugehörigen Lagrangevariablen bezeichnet man als *komplementären Schlupf* (*complementary slackness*).

Bevor das allgemeine Problem mit m Nebenbedingungen analysiert wird, soll noch die Bedeutung der Beschränkungsqualifikation an einem Beispiel mit $n = 2$ erläutert werden. In Abb. 5.6 sind die beiden Be-

144   5 Optimierung bei Funktionen mehrerer Veränderlicher

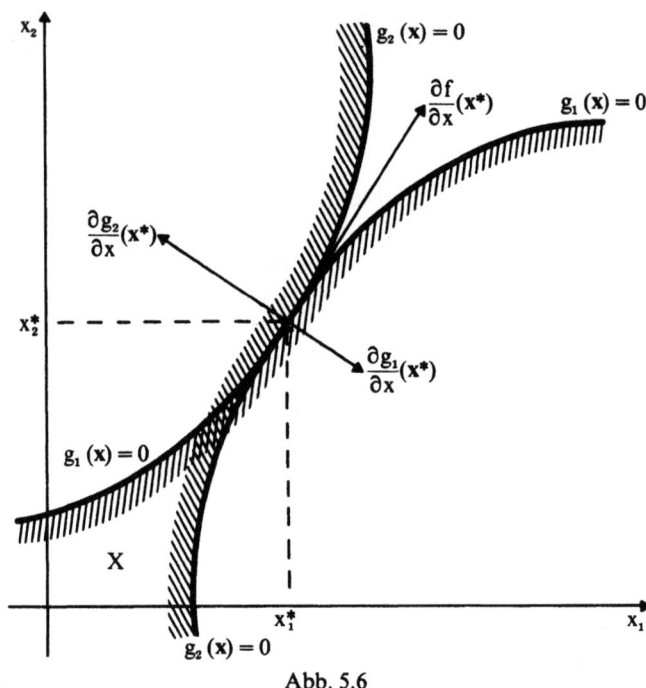

Abb. 5.6

schränkungen $g_1(x) = 0$ und $g_2(x) = 0$ eingezeichnet und der zulässige Bereich X angedeutet. Das Maximum liegt im Punkt $x^* = (x_1^*, x_2^*)$, in dem die Gradienten der beiden Beschränkungen einen Winkel von 180° bilden. Sie sind damit nicht linear unabhängig. Die Beschränkungsqualifikation ist somit verletzt. Dies hat zur Folge, daß die optimale Lösung x^* nicht mit Hilfe von geeignet wählbaren Lagrangevariablen zu charakterisieren ist.

Nach diesen Betrachtungen können nun notwendige Bedingungen für den allgemeinen Fall mit m Nebenbedingungen aufgestellt werden. Gegeben sei das Problem

MAX 3
$$\text{Max } f(x) \text{ mit}$$
$$g_1(x) \geqq 0$$
$$\vdots$$
$$g_m(x) \geqq 0,$$

wobei die Funktionen $f, g_1, \ldots, g_m$ stetig differenzierbar sind. Für jede Nebenbedingung $j = 1, \ldots, m$ sei λ_j eine Lagrangevariable, so daß man

die Lagrangefunktion
$$L(x, \lambda_1, \ldots, \lambda_m) = f(x) + \sum_{j=1}^{m} \lambda_j g_j(x)$$
erhält.

Satz [Kuhn-Tucker (notwendige Bedingungen)]: *Sei* x^* *eine Lösung von* MAX 3, *und die Beschränkungsqualifikation sei erfüllt. Dann existieren nichtnegative Lagrangevariable* $(\lambda_1^*, \ldots, \lambda_m^*)$, *so daß gilt:*

(i) $\dfrac{\partial L}{\partial x_i}(x^*, \lambda_1^*, \ldots, \lambda_m^*) = \dfrac{\partial f}{\partial x_i}(x^*) + \sum_{j=1}^{m} \lambda_j^* \dfrac{\partial g_j}{\partial x_i}(x^*) = 0 \quad i = 1, \ldots, n,$

(ii) $L(x^*, \lambda_1^*, \ldots, \lambda_m^*) = f(x^*),$

(iii) $\lambda_j^* g_j(x^*) = 0 \quad j = 1, \ldots, m.$

Aus diesen Bedingungen ist sofort zu ersehen, daß die beiden vorangegangenen Sätze lediglich Spezialfälle dieses allgemeinen Resultats sind. Die Interpretation der Bedingungen ist analog. Man beachte, daß die Eigenschaft der complementary slackness für alle Beschränkungen gilt. Diese Eigenschaft wird im weiteren noch näher untersucht werden.

5.2.3 Hinreichende Bedingungen

Die bisherige Analyse hat notwendige Bedingungen bei Vorliegen einer optimalen Lösung beschrieben, d.h.: falls x^* ein Maximierer ist, dann müssen diese Bedingungen erfüllt sein. Im allgemeinen sind diese Bedingungen jedoch nicht hinreichend. Dies sind sie jedoch dann, wenn, wie zu erwarten, die Funktionen konkav sind. Dann gilt folgender Satz.

Satz [Kuhn-Tucker (hinreichende Bedingungen)]: *Sei* f *und jede der Funktionen* $g_j, j = 1, \ldots, m$, *konkav. Falls zu einem zulässigen Punkt* x^* *nichtnegative Lagrangevariable* $(\lambda_1^*, \ldots, \lambda_m^*)$ *existieren, so daß gilt:*

(i) $\dfrac{\partial f}{\partial x_i}(x^*) = -\left(\sum_{j=1}^{m} \lambda_j^* \dfrac{\partial g_j}{\partial x_i}(x^*) \right) \quad i = 1, \ldots, n,$

(ii) $\lambda_j^* g_j(x^*) = 0 \quad j = 1, \ldots, m,$

dann ist x^* *Maximierer für* Max 3.

Ein Sonderfall von MAX 3, der bei ökonomischen Anwendungen häufig auftritt, entsteht, wenn einige oder alle Nebenbedingungen nicht als Ungleichungen, sondern als strikte Gleichungen gegeben sind. In dieser Situation ergibt sich eine Modifikation der notwendigen Bedingungen, die für den Fall nur mit Gleichungen im nächsten Satz beschrieben wird. Dieser Fall ist historisch vor dem Fall mit Ungleichungen von dem Mathematiker Lagrange untersucht worden, so daß dieser Satz auch seinen Namen trägt.

Gegeben sei das Maximierungsproblem

MAX 4
$$\text{Max } f(x), \text{ so daß}$$
$$g_1(x) = 0$$
$$\vdots$$
$$g_k(x) = 0,$$

wobei f und g_j, $j = 1, \ldots, k$ stetig differenzierbar sind. Sei

$$L(x, \lambda_1, \ldots, \lambda_k) = f(x) + \sum_{j=1}^{k} \lambda_j g_j(x)$$

die zugehörige Lagrangefunktion.

Satz [Lagrange (notwendige Bedingungen)]: *Sei x^* Maximierer für MAX 4 und die Beschränkungsqualifikation erfüllt. Dann existieren reelle Zahlen λ_j^*, $j = 1, \ldots, k$, so daß gilt:*

$$\frac{\partial L}{\partial x_i}(x^*, \lambda_1^*, \ldots, \lambda_k^*) = \frac{\partial f}{\partial x_i}(x^*) + \sum_{j=1}^{k} \lambda_j^* \frac{\partial g_j}{\partial x_i}(x^*) = 0, \quad i = 1, \ldots, n.$$

Die Bedingungen (ii) und (iii) des Satzes von Kuhn-Tucker gelten in diesem Fall bereits aufgrund der Annahme, daß $g_j(x) = 0$, $j = 1, \ldots, k$ gilt. Sie sind deshalb nicht zusätzlicher Bestandteil der Aussage des Satzes. Ferner ist zu beachten, daß die Lagrangevariablen λ_j^* auch negativ sein können.

5.2.4 Interpretation der Lagrangevariablen: Schattenpreise

Bisher wurden die Lagrangevariablen lediglich als technische Hilfsvariable verwendet und außer durch die Eigenschaft der complementary slackness nicht weiter charakterisiert. In sehr vielen Anwendungsfällen liegen jedoch die Beschränkungsfunktionen g_j in einer speziellen Form vor, die eine zusätzliche und ökonomisch sehr wichtige Interpretation der Lagrangevariablen erlaubt. Sei zum Beispiel b_j eine Kapazitätsschranke und $h_j(x)$ die Auslastungsfunktion, die b_j nicht übersteigen darf, dann gilt als Nebenbedingung $g_j(x) = b_j - h_j(x) \geqq 0$. In ähnlicher

5.2 Optimierung mit Nebenbedingungen

Weise treten auch Einkommensbeschränkungen bei Ausgabenfunktionen, Ressourcenbeschränkungen bei Faktorbedarfsfunktionen usw. auf. Allgemein kann dann die Liste der Nebenbedingungen geschrieben werden als

$$b_1 - h_1(x) \geqq 0$$
$$\vdots$$
$$b_m - h_m(x) \geqq 0.$$

Man erhält damit als Spezialfall von MAX 3 das Problem

MAX 5   Max $f(x)$, so daß
$$b_1 - h_1(x) \geqq 0$$
$$\vdots$$
$$b_m - h_m(x) \geqq 0,$$

auf das natürlich die vorangegangenen Sätze anwendbar sind. Die Höhe des Maximalwertes und die jeweiligen Maximierer werden dabei selbstverständlich von der Höhe der Beschränkungen $b = (b_1, \ldots, b_m)$ abhängen. Eine entscheidende Fragestellung dabei ist, in welcher Weise Veränderungen der Beschränkungen den Maximalwert und die Maximierer beeinflussen. Damit ist die Frage nach dem Zusammenhang zwischen b und x^* bzw. $f(x^*)$ gestellt.

Für die weitere Diskussion sei unterstellt, daß es für jedes b genau einen Maximierer $x^*(b)$ gibt, d.h. x^* ist eine Funktion

$$x^* : \mathbb{R}^m \to \mathbb{R}^n,$$

wobei

$$x^*(b) = \begin{pmatrix} x_1^*(b) \\ \vdots \\ x_n^*(b) \end{pmatrix}$$

der Vektor der n Funktionen x_i^*, $i = 1, \ldots, n$ ist.

Das zugehörige Maximum ist dann ebenfalls eine Funktion von b, die als

$$F(b) = f(x^*(b))$$

bezeichnet wird. Aus dem Satz von Kuhn-Tucker weiß man, daß zu jedem $x^*(b)$ ein $\lambda^* = (\lambda_1^*, \ldots, \lambda_m^*)$ gehört, das ebenfalls von der Höhe der Beschränkungen abhängt. Auch hier sei angenommen, daß es zu jedem b genau einen Vektor $(\lambda_1^*, \ldots, \lambda_m^*)$ gibt, so daß man λ^* als

Funktion

$$\lambda^*(\mathbf{b}) = \begin{pmatrix} \lambda_1^*(\mathbf{b}) \\ \vdots \\ \lambda_m^*(\mathbf{b}) \end{pmatrix}$$

mit $\lambda_j^*: \mathbb{R}^m \to \mathbb{R}$ schreiben kann. Ferner wird angenommen, daß die Funktionen x^* und λ^* stetig differenzierbar sind. Dann gilt das folgende Resultat:

Satz: *Unter den gemachten Annahmen gilt:*

$$\frac{\partial F}{\partial b_k}(\mathbf{b}) = \lambda_k^*(\mathbf{b}) \quad k = 1, \ldots, m.$$

Mit anderen Worten: eine (marginale) Erhöhung einer der Schranken k ergibt einen Anstieg des Maximums gerade um den (marginalen) Betrag λ_k^*. Als Schlußfolgerungen können folgende Aussagen festgehalten werden: Der Wert jeder Lagrangevariablen im Maximum für das Problem MAX 5 gibt den Anstieg der Zielfunktion an, wenn die zugehörige Schranke (marginal) gelockert wird. Dies wäre genau der Wert, den man für eine kleine zusätzliche Einheit der Schranke zu zahlen bereit wäre, um gleichgestellt zu sein. Aus diesem Grunde werden die Lagrangevariablen im Rahmen ökonomischer Optimierungsmodelle als Schattenpreise bezeichnet. Hat eine Schranke einen positiven Schattenpreis, so ist diese bindend. Dies impliziert, daß das Maximum durch Lockerung der Schranke verbessert werden kann. Andererseits bedeutet ein Schattenpreis von Null, daß eine Verbesserung des Maximums durch Lockerung der zugehörigen Schranke nicht möglich ist.

Für die Anwendung der bisherigen Resultate und ihren Einsatz bei der Ermittlung und Charakterisierung optimaler Lösungen stellt sich folgende Vorgehensweise als sinnvoll heraus:

1. Schritt: Man bestimme die Lagrangefunktion L und ermittle das Gleichungssystem für

$$\frac{\partial L}{\partial x_i}(\mathbf{x}, \lambda_1, \ldots, \lambda_m) = 0 \quad i = 1, \ldots, n$$

$$\lambda_j g_j(\mathbf{x}) = 0 \quad j = 1, \ldots, m.$$

2. Schritt: Man bestimme die Lösungen des Gleichungssystems unter Berücksichtigung der Tatsache, daß $\lambda_j \geq 0, j = 1, \ldots, m$ und Verwendung der complementary slackness.

5.2 Optimierung mit Nebenbedingungen

3. Schritt: Sind die Funktionen f und g_j, j = 1, ..., m konkav, dann ist jede ermittelte Lösung optimal.

4. Schritt: Ist eine der Funktionen nicht konkav, so überprüfe man die Beschränkungsqualifikation.

5. Schritt: Man überprüfe alle Lösungen durch Vergleich der Funktionswerte von f auf Optimalitätseigenschaften.

Aus diesem Verfahren wird ersichtlich, daß nur im konkaven Fall eine optimale Lösung mit Sicherheit ermittelt werden kann, falls eine solche existiert. Es wird sich jedoch zeigen, daß bei den meisten ökonomischen Anwendungen optimale Lösungen zu finden sind und daß die Beschränkungsqualifikation nahezu immer vorliegt.

Zum Schluß dieses Kapitels sollen an zwei Beispielen diese Verfahren eingesetzt werden.

Beispiel: Gegeben sei das Problem

$$\text{Max } f(x, y) = x \cdot y$$

unter der Nebenbedingung

$$g(x, y) = 25 - x^2 - y^2 \geqq 0.$$

Die Funktion $g(x, y)$ ist konkav, aber f ist es nicht. Die Lagrangefunktion lautet

$$L(x, y, \lambda) = x \cdot y + \lambda(25 - x^2 - y^2).$$

Differentiation ergibt

$$\frac{\partial L}{\partial x} = y - 2\lambda x = 0$$

$$\frac{\partial L}{\partial y} = x - 2\lambda y = 0.$$

Außerdem gilt

$$\lambda(25 - x^2 - y^2) = 0; \quad \lambda \geqq 0.$$

Die möglichen Lösungen sind:

(1) $\qquad x_1 = y_1 = \lambda_1 = 0.$

Dies kann keine optimale Lösung sein, denn $f(0,0) = 0$ und für kleine $\varepsilon > 0$ ist $f(\varepsilon, \varepsilon) = \varepsilon^2 > 0$ und $25 - 2\varepsilon^2 \geq 0$. Aus diesen Bedingungen sieht man nun, daß aus $y \neq 0$ folgt, daß $\lambda x \neq 0$ sein muß, und ebenso aus $x \neq 0$ folgt, daß $\lambda y \neq 0$ sein muß. Damit gilt für alle weiteren Lösungen $\lambda^* > 0$. Dann gilt jedoch $x^2 + y^2 = 25$. Damit erhält man durch Elimination von λ die Bedingung $x^2 = y^2$. Dies ergibt als weitere Lösungen

(2) $\qquad x_2^* = \frac{5}{2}\sqrt{2}; \quad y_2^* = \frac{5}{2}\sqrt{2},$

(3) $\qquad x_3^* = -\frac{5}{2}\sqrt{2}; \quad y_3^* = -\frac{5}{2}\sqrt{2},$

(4) $\qquad x_4^* = -\frac{5}{2}\sqrt{2}; \quad y_4^* = \frac{5}{2}\sqrt{2},$

(5) $\qquad x_5^* = \frac{5}{2}\sqrt{2}; \quad y_5^* = -\frac{5}{2}\sqrt{2},$

Für die Lösungen (4) und (5) ist der Funktionswert negativ. Sie entfallen deshalb. Für (2) und (3) sind die Funktionswerte gleich und positiv mit $f(x^*, y^*) = \frac{25}{2}$. Damit sind die beiden Lösungen (2) und (3) Maximierer. Eine geometrische Darstellung des Problems ist in Abb. 5.7 gegeben. Die Menge der zulässigen Lösungen ist gerade der Bereich auf und innerhalb des Kreises $x^2 + y^2 = 25$. Die Zielfunktion ergibt als Niveaulinien in allen vier Quadranten gleichseitige Hyperbeln.

Beispiel: Gesucht ist
$$\text{Max } f(x_1, x_2) = 8x_1 + 9x_2, \quad \text{so daß}$$
$$g_1(x_1, x_2) = 1 - x_1^2 - x_2^2 \geq 0 \quad \text{und}$$
$$g_2(x_1, x_2) = 2 - (x_1 + 1)(x_2 + 1) \geq 0.$$

f und g_1 sind konkav, g_2 jedoch nicht. Die Lagrangefunktion lautet
$$L(x_1, x_2, \lambda_1, \lambda_2) = 8x_1 + 9x_2 + \lambda_1(1 - x_1^2 - x_2^2)$$
$$+ \lambda_2[2 - (x_1 + 1)(x_2 + 1)].$$

Differentiation ergibt

(i) $8 - 2\lambda_1 x_1 - \lambda_2(x_2 + 1) = 0,$
(ii) $9 - 2\lambda_1 x_2 - \lambda_2(x_1 + 1) = 0,$

Die zusätzlichen Bedingungen lauten:

(iii) $1 - x_1^2 - x_2^2 \geq 0,$
(iv) $2 - (x_1 + 1)(x_2 + 1) \geq 0,$

5.2 Optimierung mit Nebenbedingungen

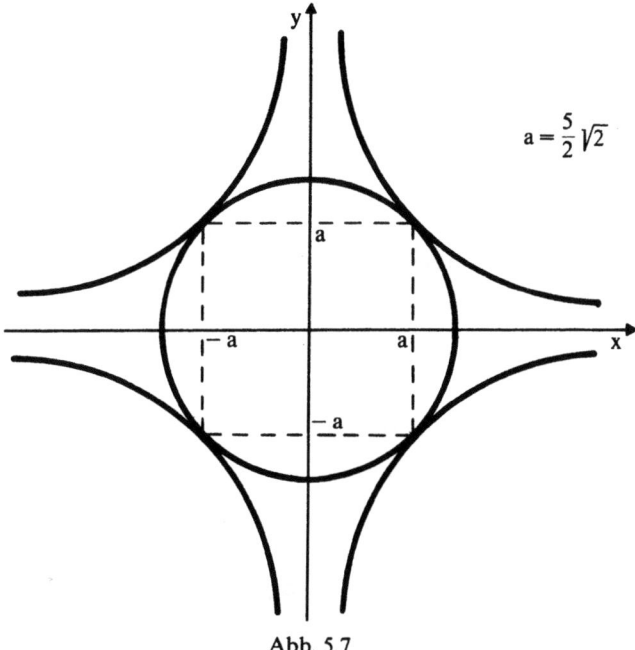

Abb. 5.7

und complementary slackness impliziert

(v) $\lambda_1 (1 - x_1^2 - x_2^2) = 0$,
(vi) $\lambda_2 [2 - (x_1 + 1)(x_2 + 1)] = 0$.

Die möglichen Lösungen werden nach folgendem Schema gesucht:

Fall	λ_1	λ_2	existiert eine Lösung?
1	+	+	?
2	0	0	?
3	+	0	?
4	0	+	?

Fall 1: Für $\lambda_1 > 0$ und $\lambda_2 > 0$ gilt aus (v) und (vi)

$$x_1^2 + x_2^2 = 1$$
$$(x_1 + 1)(x_2 + 1) = 2.$$

Dieses System hat zwei Lösungen

$$x_1^1 = 1, \quad x_2^1 = 0,$$
$$x_1^2 = 0, \quad x_2^2 = 1,$$

152 5 Optimierung bei Funktionen mehrerer Veränderlicher

Einsetzen in (i) und (ii) ergibt
$$\lambda_1^1 = \frac{7}{4}, \quad \lambda_2^1 = \frac{9}{2},$$
$$\lambda_1^2 = \frac{5}{2}, \quad \lambda_2^2 = 4.$$

Es gibt somit zwei Lösungen im Fall 1.

Fall 2: $\lambda_1 = \lambda_2 = 0$ ergibt für (i) und (ii)
$$8 - 0 = 0,$$
$$9 - 0 = 0,$$
was nicht möglich ist.

Fall 3: $\lambda_1 > 0$, $\lambda_2 = 0$. Aus (i) und (ii) folgt
$$8 - 2\lambda_1 x_1 = 0,$$
$$9 - 2\lambda_1 x_2 = 0,$$
was positive Werte für x_1 und x_2 impliziert. Dies ergibt
$$8 x_2 = 9 x_1.$$

Aus (v) folgt
$$x_1^2 + \left(\frac{8}{9}\right)^2 x_1^2 = 1,$$

und damit
$$x_1 = \pm \frac{8}{9} \sqrt{1 + \left(\frac{8}{9}\right)^2},$$
$$x_2 = \pm \frac{1}{\sqrt{1 + \left(\frac{8}{9}\right)^2}}.$$

Die negativen Werte entfallen. Setzt man die positiven Werte in (iv) ein, so erhält man
$$2 - \left(\frac{8}{9}\sqrt{1 + \left(\frac{8}{9}\right)^2} + 1\right) \left[\frac{1}{\sqrt{1 + \left(\frac{8}{9}\right)^2}} + 1\right] < 0.$$

Damit ist die zweite Nebenbedingung verletzt. Fall 3 besitzt somit keine Lösung.

Fall 4: $\lambda_1 = 0$, $\lambda_2 > 0$ ergibt aus (i) und (ii)
$$8 - \lambda_2 (x_2 + 1) = 0,$$
$$9 - \lambda_2 (x_1 + 1) = 0,$$

5.2 Optimierung mit Nebenbedingungen

d.h.
$$8(x_1 + 1) = 9(x_2 + 1).$$

In Verbindung mit (vi) erhält man

$$x_1^3 = \frac{1}{2}, \quad x_2^3 = \frac{1}{3}, \quad \lambda_2^3 = 6.$$

Diese Werte erfüllen auch (iii), denn

$$\left(\frac{1}{2}\right)^2 + \left(\frac{1}{3}\right)^2 < 1.$$

Damit liegt im Fall 4 eine Lösung vor.

Der Vergleich der Lösungen ergibt

	x_1	x_2	$f(x_1, x_2)$
Lösung 1	1	0	8
Lösung 2	0	1	9
Lösung 3	$\frac{1}{2}$	$\frac{1}{3}$	7

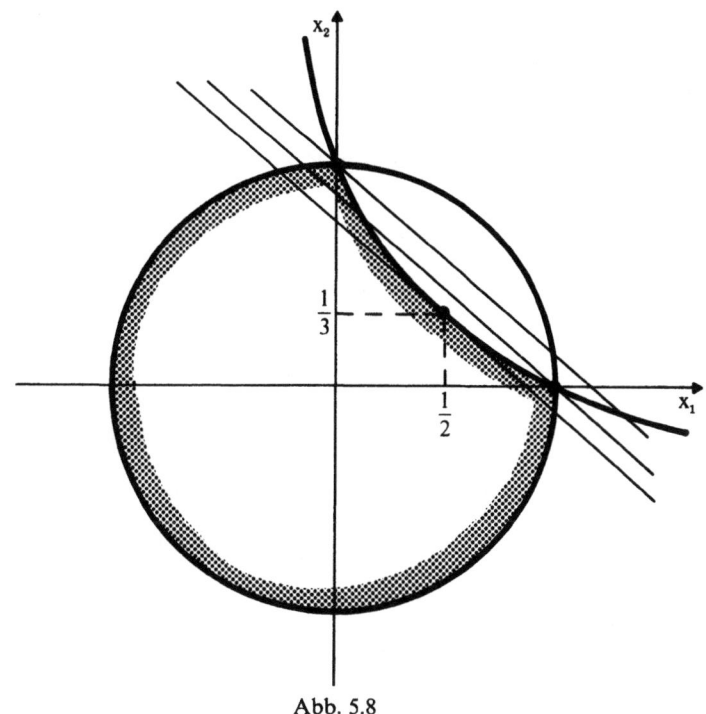

Abb. 5.8

Lösung 2 mit $x_1 = 0$, $x_2 = 1$ und einem Funktionswert von 9 ist die optimale Lösung.

Die graphische Lösungsmethode, die in diesem Fall anwendbar ist, hätte wahrscheinlich schneller zum Ziel geführt. Dennoch sollte einmal der systematische algebraische Lösungsweg beschrieben werden, denn nicht immer ist der geometrische Weg erfolgreich. Abbildung 5.8 zeigt die geometrische Lösung. Die Zielfunktion ist linear und hat Niveaulinien mit der Steigung $-\left(\frac{8}{9}\right)$. g_1 schränkt f auf den Einheitskreis ein. g_2 ergibt als zulässige Lösungen den Bereich zwischen zwei gleichseitigen Hyperbeln. Der zulässige Bereich ist somit ein Teil des Kreises, der schraffiert gezeichnet ist. Die drei Lösungen der notwendigen Bedingungen sind eine Tangential- und zwei Ecklösungen. Die Niveaulinien der Zielfunktion lassen klar den Punkt (0, 1) als optimale Lösung erkennen.

Übungsaufgaben

5.1 Stellen Sie fest, ob folgende Funktionen konkav sind.
   a) $f(x, y) = x^\alpha + y^\beta$ $0 \leq \alpha, \beta \leq 1$.
   b) $f(x, y) = \ln(x\sqrt{y})$ $x, y \geq 3$.

5.2 Bestimmen Sie das Maximum folgender Funktionen.
   a) $f(x, y) = -x^2 + 6y - y^2$.
   b) $g(x, y) = -x^2 - 25y^2 - 5xy + 6x + 30y - 9$.

5.3 Ein Unternehmen produziert 2 Güter $x_1 \geq 0$, $x_2 \geq 0$. Die Gewinnfunktion lautet:

$$Q(x_1, x_2) = 5x_1 - x_1^2 + 4x_2 - \frac{1}{2}x_2^2.$$

Bestimmen Sie den Produktionsplan des höchsten Gewinns.

5.4 Man bestimme das Maximum der Funktion
   $f(x, y) = 4x^2 - 3xy$ unter der Nebenbedingung $x^2 + y^2 \leq 1$.

5.5 Sei $Y = A v_1^\alpha v_2^\beta$ $0 < \alpha < 1$, $0 < \beta < 1$, $\alpha + \beta \leq 1$
   eine Produktionsfunktion, p_1 und p_2 seien die Marktpreise der Inputfaktoren v_1 und v_2.
   Berechnen Sie

a) den Faktorexpansionspfad.
b) die Nachfragefunktionen nach den Inputfaktoren v_1 und v_2.
c) die langfristige Kostenfunktion.
d) Bestimmen Sie die langfristige Grenz- und Durchschnittskostenfunktion.
e) Kurzfristig sei der Faktor 2 mit der Menge $\bar{v}_2 > 0$ vorgegeben. Bestimmen Sie die kurzfristige Grenz- und Durchschnittskostenfunktion.
f) Welche Unterschiede treten bei d) und e) auf, wenn einerseits $\alpha + \beta = 1$, andererseits $\alpha + \beta < 1$ gilt?

5.6 Bestimmen Sie die Kostenfunktion und die Faktornachfragefunktionen für die CES-Produktionsfunktion

$$y = (x_1^\varrho + x_2^\varrho)^{1/\varrho}$$

bei gegebenen Preisen w_1 und w_2 der beiden Faktoren x_1 und x_2.

5.7 Bestimmen Sie die Lösung der folgenden Probleme:
a) Min $f(x, y) = 5x^2 + 6y^2 - xy$
   unter der Nebenbedingung $x + 2y = 24$.
b) Max $x + 2y$
   unter der Nebenbedingung $5x^2 + 6y^2 - xy = 612$.
c) Diskutieren Sie z.B. geometrisch den Zusammenhang der beiden Probleme.

5.8 Für ein Unternehmen, das zwei Produkte herstellt, gilt die Gewinnfunktion $Q(x, y) = 8x - 1x^2 + 7y - 1y^2$ und Kapazitätsbeschränkungen

$1x + 2y \leq 8$,
$2x + 3y \leq 12$,

mit $x \geq 0$, $y \geq 0$.
a) Bestimmen Sie den gewinnmaximalen Produktionsplan.
b) Wie wirkt sich eine Erweiterung der Kapazitätsschranken auf den Gewinn aus?

5.9 Bestimmen Sie das Maximum der Funktion $f(x, y) = -3x$ unter der Nebenbedingung $g(x, y) = x^3 + x^2 - y^2 - x - 1 = 0$. Warum ist der Lagrange-Ansatz hier nicht möglich?

5.10 Der Industriesektor einer Region produziert mit der Produktionsfunktion

$$Q = A L^{1/2} K^{1/2},$$

wobei Q den Output und L und K die Einsatzfaktoren Arbeit und Kapital bezeichnen. A ist eine Konstante mit dem Wert 100. Die Planungsbehörde der Region möchte Q maximieren, indem sie Arbeitskräfte aus dem landwirtschaftlichen Sektor, in dem diese unbegrenzt vorhanden sind, in den industriellen Sektor transferiert. Dabei muß sie berücksichtigen, daß das Grenzprodukt der Arbeit nicht unter den Wert eins fällt.

a) Wie groß ist der Output des industriellen Sektors, wenn maximal 100 Einheiten Kapital zur Verfügung stehen?

b) Wieviel zusätzlichen Output könnte der Industriesektor bei einer marginalen Erhöhung des Faktors Kapital produzieren?

5.11 In einer Volkswirtschaft, in der es nur drei Güter „Konsumgut", „Arbeit" und „Geld" gibt, plant ein Konsument über zwei Perioden seines Lebens. In der ersten Periode will er arbeiten und konsumieren, in der zweiten hingegen nicht mehr arbeiten, sondern nur noch konsumieren. Seine Präferenzen sind durch die Nutzenfunktion

$$V(c_1, c_2, l) = c_1^2 c_2 (\bar{l} - l)$$

darstellbar, wobei c_i den Konsum in der Periode i, (i = 1, 2), l die Arbeit in der ersten Periode und $\bar{l}$ den maximalen physiologisch möglichen Arbeitseinsatz darstellen.

a) Formulieren Sie das Entscheidungsproblem des Konsumenten als Maximierungsproblem unter Nebenbedingungen. Gehen Sie dabei von folgenden Annahmen aus:
 - Im Gegensatz zu Geld ist das Konsumgut nicht in die zweite Periode transferierbar;
 - der Konsument ist zu Beginn der ersten Periode mit einer Geldmenge $m_0 \geq 0$ ausgestattet;
 - der Preis des Konsumgutes ist in beiden Perioden gleich $p > 0$;
 - der Lohnsatz ist gleich $w > 0$.

b) Bestimmen Sie die optimalen Werte c_1^*, c_2^* und l^*.

c) Wie groß ist der Geldbetrag, den der Haushalt in die zweite Periode transferiert, um seine Konsumausgaben zu finanzieren? Wie groß ist die Ersparnisbildung?

d) Dem Konsumenten gelingt es nicht eine Arbeit zu finden. Das führt zu einem Überdenken seines Konsumplanes. Bestimmen Sie unter Verwendung der zusätzlichen Restriktion $l = 0$ die optimale Konsumgüternachfragemenge der ersten Periode und die Ersparnisbildung, und vergleichen Sie beides mit den entsprechenden Werten im Fall b) bzw. c).

e) Ein anderer Konsument mit den gleichen Präferenzen erfährt zu Beginn der ersten Periode, daß er in der ersten Periode nur die Hälfte der für ihn optimalen Güternachfragemenge c_1^* kaufen können wird, da auf dem Gütermarkt ein Angebotsdefizit besteht.
Welche Auswirkung hat dies auf seine optimale Arbeitsangebotsmenge? Wird er seinen geplanten Konsum der zweiten Periode vergrößern oder verkleinern? Warum?

Literaturhinweise

Intrilligator, M. D. (1971). *Mathematical Optimization and Economic Theory.* Prentice-Hall, Englewood Cliffs, N.J.
Luenberger, D. G. (1979). *Introduction to Dynamic Systems. Theory, Models, and Applications.* John Wiley & Sons, New York u.a.
Stahl, K./Schulz, N. (1981). *Mathematische Optimierung und mikroökonomische Theorie.* Springer-Verlag, Berlin u.a.
Takayama, A. (1974). *Mathematical Economics.* The Dryden Press, Hinsdale, Ill.

Lösungen und Lösungshinweise

1.1 $(f \circ g)(x) = 3x^2 - 8,$
$(g \circ f)(x) = 9x^2 + 6x - 2,$

1.2 a) $f^{-1}(x) = \dfrac{dx - b}{a - cx}.$
b_1) sin x nicht monoton $\Rightarrow$ Inverse existiert nicht;
b_2) Inverse existiert, $f^{-1}(x) = \arcsin x.$

1.3 a_1) 2, a_2) $\dfrac{7}{2}$;
b_1) für $x = \pm 2$ unstetig, b_2) stetig auf dem gesamten Bereich.

1.4 $\operatorname{Max}\{f(x), g(x)\} = \dfrac{1}{2}(f(x) + g(x)) + \dfrac{1}{2}|f(x) - g(x)|.$

1.5 h_1 stetig, h_2 unstetig.

1.6 $f(x)$ – linear für $n = 1$, $n = 0$,
  – konvex für $n > 1$,
  – konkav für $0 < n < 1$.

1.7 $\dfrac{K(x)}{x} = \dfrac{ax^2 + bx + c}{x},$

$\dfrac{dK}{dx} = 2ax + b,$

$K(x), \dfrac{dK}{dx}$ stetig auf dem gesamten Bereich,

$\dfrac{K(x)}{x}$ unstetig an der Stelle $x = 0$,

$K(x), \dfrac{K(x)}{x}, \dfrac{dK}{dx}$ konvex.

Lösungen und Lösungshinweise 159

1.8 a) $\dfrac{dy}{dx} = \dfrac{1}{3}(6x^2 - 3)(2x^3 - 3x)^{-2/3}$;

b) $\dfrac{dy}{dx} = x^2$;

c) $\dfrac{dy}{dx} = 6x^3 e^{x^3+2}(2 + x^3)$;

d) $\dfrac{dy}{dx} = 2x + 6$.

1.9 a) $\dfrac{\partial f}{\partial v_2}(\bar{v}_1, v_2) = \begin{cases} v_2 & 0 \leqq v_2 \leqq 10 \\ 3 & 10 < v_2 \leqq 20 \\ 10 v_2^{-1/2} & v_2 > 20 \end{cases}$

$g(\bar{v}_1, v_2) = \dfrac{f(\bar{v}_1, v_2)}{v_2} = \begin{cases} \frac{1}{2} v_2 & 0 < v_2 \leqq 10 \\ 3 + 20 v_2^{-1} & 10 < v_2 \leqq 20; \\ 20 v_2^{-1/2} & v_2 > 20 \end{cases}$

b) $f(\bar{v}_1, v_2)$: streng monoton wachsend,
nach unten beschränkt, nach oben unbeschränkt,
nicht konkav,
nicht stetig,
nicht differenzierbar;

$\dfrac{\partial f}{\partial v_2}(\bar{v}_1, v_2)$: nicht monoton,
nach oben und unten beschränkt,
nicht konkav,
nicht stetig,
nicht differenzierbar;

$g(\bar{v}_1, v_2)$: nicht monoton,
nach oben und unten beschränkt,
nicht konkav,
nicht stetig,
nicht differenzierbar.

1.10 $R(x) = ax - bx^2$,
$\Rightarrow \dfrac{dR}{dx} = a - 2bx$.

1.11 Die Behauptung ist äquivalent zu $x^{-a} f(x) = A = $ const für alle $x \neq 0$. Angenommen dies wäre falsch. Dann muß an mindestens einer Stelle $x \neq 0$ $\frac{d}{dx}(x^{-\alpha}f(x)) \neq 0$ sein, was zu einem Widerspruch zur Annahme $\varepsilon(x) = \alpha$ führt.

2.1 a) max = 28 bei $x = -2$,   b) max = $\frac{22}{3}$ bei $x = -2$,

min = -4 bei $x = 2$;   min = $-\frac{27}{2}$ bei $x = 3$;

c) kein max,   d) kein max,
kein min;   min = -1 bei $x = 2$;

e) kein max,   f) kein max,

min = $4\sqrt{2}$ bei $x = \pm 4$;   min = $-\frac{1}{2}$ bei $x = -6$.

2.2 Eine gewinnmaximale Ausbringungsmenge läßt sich nicht bestimmen.

2.3 $f'(x) = 2x - 2 > 0$ für alle $x \in [2, 4]$,
$\Rightarrow$ min in $x = 2$, max in $x = 4$.

2.4 $x = 3$.

2.5 a) max = 29,5 bei $x = -3$;
b) 20;
c) max = $\frac{1}{3}$ bei $x = 2$.

2.6 a) $R(x) = \begin{cases} -\frac{1}{4}x^2 + 50x & \text{für} \quad 0 \leq x \leq \frac{200}{3} \\ -x^2 + 100x & \text{für} \quad \frac{200}{3} < x \leq 100 \\ 0 & \text{für} \quad x > 100, \end{cases}$

$\pi(x) = \begin{cases} -\frac{1}{2}x^2 + 50x & \text{für} \quad 0 \leq x \leq \frac{200}{3} \\ -\frac{5}{4}x^2 + 100x & \text{für} \quad \frac{200}{3} < x \leq 100 \\ -\frac{1}{4}x^2 & \text{für} \quad x > 100; \end{cases}$

b) p(x): stetig, stückweise linear
C(x): stetig, konvex,
R(x): stetig, konkav,
π(x): stetig, konkav,

c) $x^* = 50$.

Lösungen und Lösungshinweise   161

2.7 a) $y^* = 5$, $p^* = 15$, $\pi(y^*) = 49$;
 b) $y^* = 10$, $p^* = 10$, $R(y^*) = 100$, $\pi(y^*) = -1$;
 c) $y_1 = \frac{1}{2}$, $p_1 = \frac{39}{2}$, $\pi(y_1) = \frac{13}{2}$,
  $y_2 = \frac{9}{2}$, $p_2 = \frac{31}{2}$, $\pi(y_2) = \frac{93}{2}$.

2.8 Honorarmaximierung impliziert Umsatzmaximierung, d.h. $R'(x_u) = 0$.
 Gewinnmaximierung impliziert $R'(x_G) > 0$, so daß $x_G < x_u$.

3.1 a) $\mathbf{a} \cdot \mathbf{b} = 1$, $\mathbf{b} \cdot \mathbf{c} = 0$, $\mathbf{c} \cdot \mathbf{a} = 0$;
 b) $\|\mathbf{a}\| = \|\mathbf{b}\| = \|\mathbf{c}\| = 1$.

3.2 a) $\mathbf{v}_1 + \mathbf{v}_2 = (5, 1)$,
  $\mathbf{v}_1 - \mathbf{v}_2 = (-1, -3)$,
  $3\mathbf{v}_1 - \mathbf{v}_2 = (3, -5)$,
  $\mathbf{v}_1 \cdot \mathbf{v}_2 = 4$.

3.3 $\mathbf{A}\mathbf{x}^1 = (33, 4, -8)$,
 $\mathbf{A}\mathbf{x}^2 = (-13, -19, 12)$,
 $\mathbf{A}\mathbf{x}^3 = (8, 0, 6)$.

3.4 $\mathbf{AB} = \begin{pmatrix} 19 & -8 & 12 \\ 2 & 9 & -1 \\ -34 & 37 & 43 \end{pmatrix}$,

 $\mathbf{BA} = \begin{pmatrix} 13 & -7 & 19 & -14 \\ 4 & 9 & 2 & 24 \\ -15 & -9 & 51 & -54 \\ 11 & -4 & 3 & -2 \end{pmatrix}$,

 $\mathrm{rg}(\mathbf{A}) = 3$,
 $\mathrm{rg}(\mathbf{B}) = 3$,
 $\mathrm{rg}(\mathbf{AB}) = 3$,
 $\mathrm{rg}(\mathbf{BA}) = 4$.

3.5 a) ja; b) ja.

3.7 a) $V = \left\{ \mathbf{v} \mid \mathbf{v} = \sum_{i=1}^{5} x_i \mathbf{a}_i,\ 0 \leq x_i \leq \bar{x}_i \right\}$,
 V ist konvex;

b) $I(2) = \{(v_1, v_2) | v_1 = 2 \text{ und } v_2 \geq 3\}$,
$\cup \{(v_1, v_2) | v_1 = \frac{26}{2} - \frac{3}{2} v_2 \text{ und } 2 \leq v_2 \leq 6\}$,
$\cup \{(v_1, v_2) | v_1 \geq 10 \text{ und } v_2 = 2\}$.

3.8 $\det \mathbf{A} = -18$, $\det \mathbf{B} = 6$, $\det \mathbf{C} = -116$,
$\det \mathbf{D} = 0$, $\det \mathbf{E} = 4a^2$.

3.9 a) $\mathbb{L} = \{(x, y, z) | x = 1 - y; z = 3y\}$;
b) $\mathbb{L} = \{(-\frac{1}{3}, 1, \frac{4}{3})\}$;
c) $\mathbb{L} = \{(-1, 3)\}$.

3.10 $p = \dfrac{a - c}{d - b}$; $x = \dfrac{ad - bc}{d - b}$.

Eindeutigkeit folgt aus $b \neq d$.
Eine positive Lösung ergibt sich, falls
$c > a \geq 0$, $b \geq 0 > d$.

3.11 $y = 1600$, $r = 0{,}1$.

3.12 $\mathbf{A}$ ist positiv semi-definit,
$\mathbf{B}$ ist indefinit,
$\mathbf{C}$ ist negativ semi-definit.

4.1 a_1) nicht stetig,
a_2) nicht stetig,
a_3) stetig;
b) in $(0, 0)$ nicht differenzierbar,
in $(x, 0)$ nicht differenzierbar,
in (x, y) differenzierbar;
c) $\dfrac{\partial f}{\partial x} = \dfrac{1}{y}$, $\dfrac{\partial f}{\partial y} = -\dfrac{x}{y^2}$, $df = \dfrac{1}{y} dx - \dfrac{x}{y^2} dy$.

4.2 $dy = 4e(2\,dx_1 + 1\,dx_2 + 6\,dx_3)$.

4.3 $\left\{(x_1, x_2) | x_1 = \dfrac{a_2}{a_1} x_2\right\}$.

4.4 a_1) inhomogen,
a_2) inhomogen,
a_3) inhomogen,

Lösungen und Lösungshinweise   163

a_4) inhomogen,
a_5) homogen vom Grad 1,
a_6) inhomogen,
a_7) homogen vom Grad 1,
a_8) inhomogen.

4.5 a) $\dfrac{\partial x}{\partial v_1} = v_2^{-2} + v_2;\quad \dfrac{\partial x}{\partial v_2} = -2v_1 v_2^{-3} + 2v_2 + v_1,$

$\dfrac{dv_1}{dv_2} = -\dfrac{-2v_1 v_2^{-3} + 2v_2 + v_1}{v_2^{-2} + v_2};$

b) $\dfrac{\partial x}{\partial v_1} = \dfrac{5}{2x};\quad \dfrac{\partial x}{\partial v_2} = \dfrac{16 v_2}{x};\quad \dfrac{dv_1}{dv_2} = -\dfrac{32 v_2}{5};$

c) $\dfrac{\partial x}{\partial v_1} = \dfrac{3v_1^2 + 2v_1 v_2^2}{3(x+1)^2};\quad \dfrac{\partial x}{\partial v_2} = \dfrac{2v_1^2 v_2 - 12 v_2^2}{3(x+1)^2};$

$\dfrac{dv_1}{dv_2} = -\dfrac{2v_1^2 v_2 - 12 v_2^2}{3v_1^2 + 2v_1 v_2^2}.$

4.6 Der Homogenitätsgrad der Grenzrate der Substitution von homogenen Funktionen ist 0.

4.7 a) -1; b) ∞.

4.8 a) $\dfrac{dy}{dA_{st}} > 0,\quad \dfrac{di}{dA_{st}} > 0;$

b) $\dfrac{dy}{dM} > 0,\quad \dfrac{di}{dM} < 0.$

4.9 a) $\dfrac{\partial z}{\partial x_1} = 5 x_1^{-1/2} x_2^{1/3} x_3^{-2/3},$

$\dfrac{\partial z}{\partial x_2} = \dfrac{10}{3} x_1^{1/2} x_2^{-2/3} x_3^{-2/3},$

$\dfrac{\partial z}{\partial x_3} = -\dfrac{20}{3} x_1^{1/2} x_2^{1/3} x_3^{-5/3};$

b) $\begin{pmatrix} -\dfrac{5}{2} x_1^{-3/2} x_2^{1/3} x_3^{-2/3} & \dfrac{5}{3} x_1^{-1/2} x_2^{-2/3} x_3^{-2/3} & -\dfrac{10}{3} x_1^{-1/2} x_2^{1/3} x_3^{-5/3} \\ \dfrac{5}{3} x_1^{-1/2} x_2^{-2/3} x_3^{-2/3} & -\dfrac{20}{9} x_1^{1/2} x_2^{-5/3} x_3^{-2/3} & -\dfrac{20}{9} x_1^{1/2} x_2^{-2/3} x_3^{-5/3} \\ -\dfrac{10}{3} x_1^{-1/2} x_2^{1/3} x_3^{-5/3} & -\dfrac{20}{9} x_1^{1/2} x_2^{-2/3} x_3^{-5/3} & \dfrac{100}{9} x_1^{1/2} x_2^{1/3} x_3^{-8/3} \end{pmatrix};$

c) $\dfrac{3500}{81} \approx 43{,}2$.

4.10 a) $(x_1, x_2) = (1, 1) \Rightarrow Q(x_1, x_2) > 0$,
$(x_1, x_2) = (6, 0) \Rightarrow Q(x_1, x_2) < 0$;

b) Ellipsen;

c) $\dfrac{dx_1}{dx_2} = -\dfrac{c - 2\,dx_2}{a - 2\,bx_1}$.

5.1 a) konkav; b) konkav.

5.2 a) max = 9 bei $(x, y) = (0, 3)$;
b) max = 3 bei $(x, y) = (2, \tfrac{2}{5})$.

5.3 max = $\dfrac{57}{4}$ bei $(x_1, x_2) = (\tfrac{5}{2}, 4)$.

5.4 max = $\dfrac{9}{2}$ bei $(x_1, x_2) = \left(\dfrac{-3}{\sqrt{10}}, \dfrac{1}{\sqrt{10}}\right)$

und bei $(x_1, x_2) = \left(\dfrac{3}{\sqrt{10}}, \dfrac{-1}{\sqrt{10}}\right)$.

5.5 a) $v_1 = \left(\dfrac{p_2}{p_1}\dfrac{\alpha}{\beta}\right) v_2$;

b) $h_1(p_1, p_2, Y) = A^{-1/\alpha+\beta} \left(\dfrac{\alpha p_2}{\beta p_1}\right)^{\beta/\alpha+\beta} Y^{1/\alpha+\beta}$,

$h_2(p_1, p_2, Y) = A^{-1/\alpha+\beta} \left(\dfrac{\alpha p_2}{\beta p_1}\right)^{-\alpha/\alpha+\beta} Y^{1/\alpha+\beta}$;

c) $C(p_1, p_2, Y) = A^{-1/\alpha+\beta} \left(\left(\dfrac{\alpha}{\beta}\right)^{\beta/\alpha+\beta} + \left(\dfrac{\alpha}{\beta}\right)^{-\alpha/\alpha+\beta}\right)$
$\cdot p_1^{\alpha/\alpha+\beta} p_2^{\beta/\alpha+\beta} Y^{1/\alpha+\beta}$;

d) $\dfrac{\partial C}{\partial Y}(p_1, p_2, Y) = \dfrac{1}{\alpha + \beta} Y^{-1} \cdot C(p_1, p_2, Y)$,

$\dfrac{C(p_1, p_2, Y)}{Y} = Y^{-1} \cdot C(p_1, p_2, Y)$;

Lösungen und Lösungshinweise 165

e) $C(p_1, p_2, Y, \bar{v}_2) = p_1 \left(\dfrac{Y}{A\bar{v}_2^\beta}\right)^{1/\alpha} + p_2 \bar{v}_2,$

$\dfrac{\partial C}{\partial Y}(p_1, p_2, Y, \bar{v}_2) = \dfrac{1}{\alpha} Y^{-1} p_1 \left(\dfrac{Y}{A\bar{v}^\beta}\right)^{1/\alpha},$

$\dfrac{C(p_1, p_2, Y, \bar{v}_2)}{Y} = Y^{-1} \cdot C(p_1, p_2, Y, \bar{v}_2);$

f) unter d) gilt:

für $\alpha + \beta = 1$: $\dfrac{\partial C}{\partial Y}(p_1, p_2, Y) = \dfrac{C(p_1, p_2, Y)}{Y},$

für $\alpha + \beta < 1$: $\dfrac{\partial C}{\partial Y}(p_1, p_2, Y) > \dfrac{C(p_1, p_2, Y)}{Y},$

unter e) gilt:

$\dfrac{C(p_1, p_2, Y, \bar{v}_2)}{Y} = \dfrac{C_v}{Y} + \dfrac{C_f}{Y},$

sowohl für $\alpha + \beta = 1$ als auch für $\alpha + \beta < 1$ gilt:

$\dfrac{\partial C}{\partial Y}(p_1, p_2, Y, \bar{v}_2) > \dfrac{C_v}{Y}.$

5.6 $C(w_1, w_2, Y) = Y(w_1^{\varrho/\varrho - 1} + w_2^{\varrho/\varrho - 1})^{\varrho - 1/\varrho}$
$h_1(w_1, w_2, Y) = w_1^{1/\varrho - 1} Y(w_1^{\varrho/\varrho - 1} + w_2^{\varrho/\varrho - 1})^{-1/\varrho},$
$h_2(w_1, w_2, Y) = w_2^{1/\varrho - 1} Y(w_1^{\varrho/\varrho - 1} + w_2^{\varrho/\varrho - 1})^{-1/\varrho}.$

5.7 a) min = 612 bei $(x, y) = (6, 9);$
b) max = 24 bei $(x, y) = (6, 9).$

5.8 a) $x^* = 3,\ \lambda_1^* = 0,$
$y^* = 2,\ \lambda_2^* = 1,$

b) Erweiterung der zweiten Kapazitätsschranke um ε führt zu einer Gewinnsteigerung um $\lambda_2^* \varepsilon$.

5.9 Die Funktion nimmt in $(-1, 0)$ ihr Maximum an. Der Lagrange-Ansatz ist hier nicht möglich, weil $\dfrac{\partial g}{\partial x}(-1, 0) = 0$. Daraus folgt, daß die Beschränkungsqualifikation nicht erfüllt ist. Zeichnen Sie den Graphen der Nebenbedingung!

5.10 a) $Q^* = 500\,000$

$\dfrac{\partial Q}{\partial K}(\sqrt{500}, 100).$

5.11 b) $c_1^* = \dfrac{m_0 + w\bar{l}}{2p}$,

$l^* = \text{Max}\left\{0, \dfrac{3w\bar{l} - m_0}{4w}\right\}$,

$c_2^* = \dfrac{m_0 + w\bar{l}}{4p}$,

c) $m^* = \dfrac{m_0 + w\bar{l}}{4}$;

$m^* - m_0 = \dfrac{w\bar{l} - 3m_0}{4}$;

d) $\bar{c}_1 = \dfrac{2m_0}{3p}$, $\bar{m} = \dfrac{1}{3}m_0$;

e) $\bar{l} = \text{Max}\left\{0, \dfrac{5w\bar{l} - 3m_0}{8w}\right\}$;

$\bar{c}_2 > c_2^*$.

Sachverzeichnis

Ableitung 32
–, partielle 116
Absolutbetrag 2
Argument 4

Beschränkungsqualifikation 142
Bild einer Funktion 5
Budgetebene 75

complementary slackness 143
constraint qualification 142
Cramersche Regel 102

Definitheit
–, negative 106
–, positive 106
Definitionsbereich 4
Determinante 97
Diagonale einer Matrix 78
Diagonalmatrix 78
Differential
– -quotient 31
–, totales 119
Differenzenquotient 30
Dreiecksungleichung 2, 69

Ebene
–, Hyper- 74
–, Budget- 75
Einheitsmatrix 78
Einheitsvektor 66
Euklidische Norm 68

Folge
–, Grenzwert einer 13
–, konvergente 13
–, Limes einer 13

Form
–, quadratische 106
Funktion 4
–, Gradient einer 116
–, Graph einer 114
–, Grenzwert einer 15
–, homogene 120
–, implizite 123
–, inverse 10
–, konkave 25, 134
–, konvexe 28
–, Lagrange- 47
–, lineare 30
–, linear-homogene 121
–, Maximum einer 24
–, Minimum einer 23
–, reelle 5
–, stetig differenzierbare 33, 116
–, stetige 19, 114
–, streng monotone 11
–, Umkehr- 10
–, Umkehrbarkeit einer 11
–, Verknüpfungs- 9
Funktionalmatrix 127

Gaußsche Eliminationsmethode 91
Gerade 72
Gleichungssystem
–, lineares 83
–, homogenes 83
–, inhomogenes 83
–, triviale Lösung eines
  homogenen -s 84
Gradient 116
Graph einer Funktion 6, 114
Grenzwert
– einer Funktion 15
– einer Folge 13

Sachverzeichnis

Grenzwert
–, linksseitiger 16
–, rechtsseitiger 16

Hauptminor 107
Hessesche Matrix 118
Hyperebene 74

Identität 6
Intervall
–, abgeschlossenes 3
– -länge 3
– -mittelpunkt 3
–, offenes 3
–, symmetrisches 3
Inverse einer Matrix 82
Inversenregel 35

Kettenregel 35
Kombination
–, konvexe 3
–, Linear- 85
Konvexität 3
Koordinatensystem
–, kartesisches 6
Kuhn-Tucker-Theorem 140

Lagrange
– -funktion 47
– -variable 50
Limes einer Folge 13
Linearkombination 85

Matrix 76
–, Determinante einer 97
–, Diagonal- 78
–, Diagonale einer 78
–, Einheits- 78
–, Funktional- 127
–, Hauptminor einer 107
–, Hessesche 118
–, Inverse einer 82
–, invertierbare 82
–, negativ semi-definite 107
–, nichtsinguläre 82
–, Null- 77
–, positiv semi-definite 107
–, quadratische 78
–, Rang einer 87
–, symmetrische 106
–, Transponierte einer 77
Matrizenmultiplikation 79

Maximierer 41
Maximum einer Funktion 24
Menge
–, beschränkte 4
–, unbeschränkte 4
Minimierer 41
Minimum einer Funktion 23

Normale 74
Nullmatrix 77

Ordnungseigenschaft von **R** 1

Produktregel 35

Quotientenregel 35

Rang einer Matrix 87
Regel der Differentiation 34
–, Inversen- 35
–, Ketten- 35
–, Produkt- 35
–, Quotienten- 35
–, Summen- 35

Schattenpreis 148
Schlupf
–, komplementärer 143
Skalarprodukt 64
Summenregel 35

Transitivität 2
Transponierte einer Matrix 77

Umgebung 3
Umkehrbarkeit einer Funktion 11
Umkehrfunktion 10
Urbild 10

Variable
–, Lagrange- 50
Vektor 57
–, Einheits- 66
–, Länge eines -s 68
–, Null- 59
– -raum 60
–, Richtung eines -s 68
–, Spalten- 57
–, Zeilen- 57
Vektoren
–, Abstand zweier 70

–, Differenz von 59
–, linear abhängige 85
–, linear unabhängige 85
–, orthogonale 66
–, Summe von 59
Verknüpfungsfunktion 9

Wertebereich 4

Zahlen
– -folge 12
–, reelle 1
Zwischenwertsatz 22

J. Schumann
Grundzüge der mikroökonomischen Theorie
3., neubearbeitete und erweiterte Auflage. 1980. 195 Abbildungen. XV, 409 Seiten (Heidelberger Taschenbücher, Band 92) DM 24,80. ISBN 3-540-10195-0

Auch die 3. Auflage dieses sehr erfolgreichen und beliebten Lehrbuchs für Wirtschaftsstudenten im Grundstudium orientiert sich an dem Ziel, solide Kenntnisse der Mikroökonomie zu vermitteln und methodisch und sachlich auf eine Reihe von Fachgebieten des Hauptstudiums (so auf die makroökonomische Produktionstheorie sowie die Verteilungs-, Wohlfahrts- und Außenhandelstheorie) vorzubereiten. Fast sämtliche Kapitel sind überarbeitet und ergänzt worden. Insbesondere wurden Zeitaspekte verstärkt berücksichtigt, so beispielsweise intertemporale Haushaltsgleichgewichte, Aufbau des Produktionsapparates der Unternehmung durch Investition, Terminmärkte und Spekulation, Innovationen und Marktentwicklung im Zeitablauf. Völlig neu hinzugekommen sind Abschnitte über erschöpfbare Ressourcen, alternative Ansätze zur Theorie der Unternehmung, „Neue Mikroökonomik", Ungleichgewichtstheorie, externe Effekte und Eigentumsrechte.

U. Meyer, J. Diekmann
Arbeitsbuch zu den Grundzügen der mikroökonomischen Theorie
1982. 132 Abbildungen. X, 250 Seiten DM 24,80. ISBN 3-540-11477-7

Das Buch orientiert sich am Lehrbuch von Jochen **Schumann**, Grundzüge der mikroökonomischen Theorie, Heidelberger Taschenbücher, Band 92, 3. Auflage, Berlin-Heidelberg-New York: Springer-Verlag, 1980.

Das Arbeitsbuch enthält einerseits Lern- und Kontrollfragen und andererseits Lösungen. Die Lernfragen eines jeden Kapitels bauen systematisch aufeinander auf und dienen der Erarbeitung des Stoffes anhand von allgemeinen Verständnisfragen und konkreten Beispielen. An mehreren Stellen eines jeden Kapitels werden diese Lernfragen durch einige Kontrollfragen unterbrochen. Die Kontrollfragen geben Gelegenheit, das Gelernte zu überprüfen, auf andere Fragestellungen anzuwenden und zu vertiefen. Lie Lösungen sämtlicher Aufgaben sind im zweiten Teil des Buches aufgeführt.

K. Stahl, N. Schulz
Mathematische Optimierung und mikroökonomische Theorie
Hochschultext
1981. 45 Abbildungen. XIII, 235 Seiten DM 49,–. ISBN 3-540-11141-7

Der Text bietet eine integrierte Einführung in die mathematische Optimierung und die Teile der mikroökonomischen Theorie, in denen das Optimierungsmodell eine zentrale Stellung einnimmt: die Haushaltstheorie, die Produktionstheorie und die Wohlfahrtstheorie. Dem Wirtschaftswissenschaftler ermöglicht der Text, sich die auf dem mathematischen Optimierungsmodell basierenden Analysetechniken von Grund auf anzueignen, und zwar zusammen mit einer darauf basierenden eigenständigen Entwicklung der entsprechenden Teile der Mikrotheorie. Umgekehrt findet der Mathematiker eine in sich abgeschlossene Einführung in die Optimierungstheorie in endlichen Räumen, die speziell hinsichtlich der Sensitivitätsanalyse über übliche Entwicklungen hinausgeht.

Springer-Verlag
Berlin
Heidelberg
New York

R. Richter, U. Schlieper, W. Friedmann

Makroökonomik

Eine Einführung

Mit einem Beitrag von J. Ebel
Hochschultext
4., korrigierte und ergänzte Auflage. 1981.
133 Abbildungen, 52 Schaubilder,
56 Tabellen. XVII, 717 Seiten
DM 59,–. ISBN 3-540-10998-6

In diesem Lehrbuch wird das Marktkonzept systematisch auf die globale Analyse gesamtwirtschaftlicher Prozesse angewendet.
Güter und Geldseite werden gleichrangig behandelt, die moderne Ungleichgewichtstheorie findet Berücksichtigung.
Ein Lehrtext, der
- didaktisch aufbereitet und anwendungsorientiert ist,
- seine Aussagen ökonomisch verankert,
- institutionelle Bezüge illustriert,
- wirtschaftspolitische Konsequenzen diskutiert.

Neu an dieser durchgesehenen und ergänzten Auflage ist die modelltheoretische Behandlung flexibler Wechselkurse für den Fall des „kleinen Landes". Die Übungsaufgaben sind die selben wie die zur 3. Auflage. Das von den gleichen Autoren verfaßte Arbeitsbuch zur 3. Auflage des Lehrbuchs Makroökonomik ist unverändert anwendbar.

R. Richter, U. Schlieper, W. Friedmann

Arbeitsbuch

zur 3. Auflage des Lehrbuchs

Makroökonomik

Eine Einführung

1979. 34 Abbildungen. VIII, 160 Seiten
DM 22,–. ISBN 3-540-09298-6

Dieses Arbeitsbuch zur 3. Auflage des Lehrbuchs *Makroökonomik* von denselben Autoren enthält kapitelweise:
- Wiederholungsfragen
- Lösungen und Lösungshinweise zu sämtlichen 135 Übungsaufgaben des Lehrbuchs,
- Zusatzaufgaben aus der praktischen volkswirtschaftlichen Arbeit samt Lösungen.

Ziel des Arbeitsbuchs ist die Erleichterung des Selbststudiums für den Studenten und die Unterstützung des Übungsbetriebes anhand des Lehrbuchs *Makroökonomik* für den Dozenten.

K. W. Rothschild

Einführung in die Ungleichgewichtstheorie

1981. 20 Abbildungen. X, 176 Seiten
(Heidelberger Taschenbücher, Band 212)
DM 24,80. ISBN 3-540-10894-7

Dieses Werk ist – zumindest in deutscher Sprache – das erste leicht faßliche Lehrbuch über Ungleichgewichtstheorie. Der Leser wird unter bewußter Vermeidung unnötiger Komplikationen in die Gedankengänge und die ökonomische Bedeutung der verschiedenen Ungleichgewichtstheorien eingeführt. Im Gegensatz zu den meisten anderen Darstellungen wird in diesem Buch das ganze Spektrum der vorhandenen Ungleichgewichtsansätze (neoklassische, keynesianische, post-keynesianische und unorthodoxe) behandelt. Analyse und Vergleich der unterschiedlichen Theorien schaffen die Basis für deren kritische Bewertung durch den Leser.

Springer-Verlag
Berlin
Heidelberg
New York

MIX
Papier aus verantwortungsvollen Quellen
Paper from responsible sources
FSC® C105338

If you have any concerns about our products,
you can contact us on
ProductSafety@springernature.com

In case Publisher is established outside the EU,
the EU authorized representative is:
**Springer Nature Customer Service Center GmbH
Europaplatz 3, 69115 Heidelberg, Germany**

Printed by Libri Plureos GmbH
in Hamburg, Germany